DROEMER

JURI STERNBURG

DAS IST
Germania

Die Größen des Deutschrap über Heimat und Fremde

KOOL SAVAS + CELO & ABDI
DR. BITCH RAY + MASSIV
CAPITAL BRA + AK AUSSERKONTROLLE
HATICE SCHMIDT + NIMO
SUGAR MMFK + OLEXESH
SANDRA LAMBECK + MANUELLSEN
ENEMY + YONII + YOUNES JONES

DROEMER ✶

Besuchen Sie uns im Internet:
www.droemer.de

Aus Verantwortung für die Umwelt hat sich die Verlagsgruppe Droemer Knaur zu einer nachhaltigen Buchproduktion verpflichtet. Der bewusste Umgang mit unseren Ressourcen, der Schutz unseres Klimas und der Natur gehören zu unseren obersten Unternehmenszielen. Gemeinsam mit unseren Partnern und Lieferanten setzen wir uns für eine klimaneutrale Buchproduktion ein, die den Erwerb von Klimazertifikaten zur Kompensation des CO_2-Ausstoßes einschließt. Weitere Informationen finden Sie unter:
www.klimaneutralerverlag.de

Originalausgabe September 2020
Droemer Verlag
© 2020 Droemer Verlag
Ein Imprint der Verlagsgruppe Droemer Knaur GmbH & Co. KG, München
Alle Rechte vorbehalten. Das Werk darf – auch teilweise – nur mit Genehmigung des Verlags wiedergegeben werden.
Redaktion: Christiane Bernhardt
Covergestaltung: Isabella Materne, München
Alle Abbildungen im Innenteil: Hyperbole Medien GmbH
Satz: Adobe InDesign im Verlag
Druck und Bindung: CPI books GmbH, Leck
ISBN 978-3-426-27823-9

5 4 3 2 1

Inhalt

Bastian Asdonk – *Vorwort* 7

Juri Sternburg – *Einleitung* 11

Celo & Abdi – *In der Diaspora* 15

AK Ausserkontrolle – *Ein kultivierter Kanake* 33

Olexesh – *Drei in eins* 49

Yonii – *Ich wollte mal fragen, was bedeutet Migrant?* 63

Manuellsen – *Eine von vielen Familien* 79

Hatice Schmidt – *Ein bisschen kaputt, ein bisschen Glamour* 97

Massiv – *Ich bin Deutschlandfan, seit ich denken kann* 117

Nimo – *Man muss doch wissen, wo seine Wurzeln sind* 135

Dr. Bitch Ray – *100 Prozent türkisch und 100 Prozent deutsch* 147

Sugar MMFK – *Ein deutscher Mann* 161

Enemy – *Gegen jede Ungerechtigkeit* 179

Sandra Lambeck – *Ich lebe mein Leben so, wie ich möchte* 195

Younes Jones – *Humor ist das größte bindende Element* **209**

Kool Savas – *Ein Teil von mir ist türkisch* **223**

Capital Bra – *Heimat ist für mich Ukraine.
Und Deutschland auch* **241**

Dank 253

Bildnachweis und Playlist 254

Über den Autor 255

Vorwort

Es ist Mitte Dezember 2016, wir sitzen in einem italienischen Restaurant in Berlin-Kreuzberg. Die ehemalige Fleischerei liegt direkt gegenüber von unserem Büro, und wir essen oft mittags hier. An diesem Abend findet die erste Weihnachtsfeier unserer Produktionsfirma statt. Wir sind ein kleines Team: sechs, sieben Redakteur*innen, Kameraleute, Cutter. Unsere Reihe *Germania* läuft seit ein paar Monaten auf YouTube, aber der Erfolg ist überschaubar. Ein paar Tausend Abrufe, zehntausend, wenn es gut läuft. Niemand scheint zu verstehen, was wir wollen, was diese Reihe eigentlich sein soll. Sie ist weder ein Musikformat, obwohl Musiker*innen vorkommen. Noch ein klassisches journalistisches Stück, obwohl wir über Identität in der deutschen Gesellschaft sprechen.

Am Nachmittag haben wir gerade eine Folge mit dem Darmstädter Rapper Olexesh veröffentlicht. Er gehört zu einer neuen Welle von jungen Musiker*innen aus der ehemaligen Sowjetunion, gilt als genauso wortgewandt wie lyrisch begabt und steht beim Frankfurter Label 385idéal unter Vertrag. Das Anfangsbild seiner *Germania*-Folge zeigt ihn in einer viel zu großen Versace-Daunenjacke auf der Darmstädter Mathildenhöhe. Anschließend erzählt er, wie vermittelt durch Rap die deutsche Sprache für ihn zu einer Heimat geworden ist.

Es ist Vorweihnachtszeit, der italienische Kellner serviert große Platten Tagliatelle mit Trüffeln. Es gibt Weißwein und einen etwas unangenehmen Prosecco, der uns als Naturwein angepriesen wurde, wir trinken ihn trotzdem. Mitten im Essen reißt unsere Redakteurin Sara ihr Telefon in die Luft und schreit durch den ganzen Raum, so laut, dass die Bedienung uns fortan keinen Wein mehr bringen will: »60 000 Klicks!« Keiner weiß, was sie meint. Bis wir verstehen, dass die Olexesh-Folge in ein paar Stunden mehr Zuschauer*innen erreicht hat als alle vorherigen Folgen zusammen. Den Rest des Abends schauen wir immer wieder auf die Telefone.

Ein halbes Jahr später drehen wir eine Folge mit Samy Deluxe an der Hamburger Außenalster. Der Rapper war einer der ersten, der in den 90er-Jahren deutsche Sprache und Rap virtuos und handwerklich perfekt zusammengebracht hat. Inzwischen erreichen alle *Germania*-Folgen sechsstellige Abrufzahlen. Plattenfirmen und Promoter haben das Format entdeckt, und auch bei den Fans wird es immer bekannter. Drei Jungs, vielleicht 12 oder 13 Jahre alt, erkennen Samy und fragen, was hier gedreht wird. Als sie hören, dass es eine Folge für *Germania* ist, stellen sie sich in einer Reihe auf und singen perfekt im Chor die Titelmelodie: den ersten Vers des alten Volkslieds »Am Brunnen vor dem Tore«.

April 2018 in der Ruhrgebietsstadt Marl. Es ist kühl und verregnet, wir fahren mit unserem Team in einem schwarzen Van zum Stadttheater, wo wir am Abend einen Grimme-Preis erhalten werden. Unsere Redakteurinnen Sara und Nadja sitzen im Auto, unsere Kamerafrau Susi und Benni, der Regisseur. Unser Cutter Suraj trägt zur Feier des Tages seinen Afro offen. Bei der Nominierung hat die Jury vor allem die »anspruchsvolle Ästhetik« von Bild und Ton, die Auswahl der Drehorte und Atmosphäre der Filme gewürdigt. Auf dem roten Teppich eine surreale Situation, Tom Tykwer, Kida Ramadan, Peter Kurth, Volker

Bruch, Lied Lisa Fries, Oliver Masucci lassen sich vor uns fotografieren und geben Autogramme. Nach zwei Jahren haben wir es mit einer YouTube-Reihe geschafft, den wichtigsten Fernsehpreis in Deutschland zu gewinnen.

Germania ist der seltene Fall einer Serie, die bei der Kritik, aber auch bei den Zuschauern erfolgreich ist. Wir haben inzwischen über vierzig Millionen Videos ausgespielt, Hunderttausende Kommentare beantwortet und neben dem Grimme-Preis auch den Goldene Kamera Digital Award erhalten. Auf YouTube gibt es unzählige Kopien von *Germania*. Der FC Bayern hat seine Spieler nach unserer Vorlage porträtiert. Rapper*innen, die nicht eingeladen wurden haben, haben kurzerhand ihre eigenen Folgen gedreht.

Trotz des großen Erfolgs gab es auch immer wieder Kritik, sowohl an der Verwendung des historisch kontaminierten Begriffs »Germania« als auch an der offensiven Umdeutung tradierter Konzepte wie etwa »Heimat«. Doch diese Kritik geht oftmals am zentralen Anliegen der Serie vorbei – nämlich die Geschichte von Migrant*innen und ihren Kindern zu erzählen und sie anzuerkennen. Ihre Verschiedenartigkeit zu akzeptieren, sie nicht als eine gleichförmige Gruppe zu sehen, sondern mehr über ihre individuellen Erfahrungen zu lernen. Wir wollten eine Serie schaffen, die eine »typisch« deutsche Landschaft zeigt, in der sich »untypische« Deutsche bewegen – und andersherum. Ein modernes und zeitgemäßes Bild, jenseits von Klischees und Romantisierung.

Dieses Buch erzählt sechzehn der eindrücklichsten Geschichten, die wir in den letzten drei Jahren gehört haben. Ein guter Anlass, um allen Beteiligten zu danken. Unseren Auftraggeber*innen bei ZDF und Funk, die dieses Projekt ermöglicht haben. Dem ganzen Redaktionsteam, allen Manager*innen, Promoter*innen, Plattenfirmen und Medien, die uns unterstützt haben.

Vor allem aber möchte ich den Menschen danken, die uns ihre Geschichte erzählt haben. Ohne sie wäre *Germania* nicht möglich. Sie haben zum ersten Mal vor einer Kamera über ihre eigene Biografie gesprochen. Über die Geschichte ihrer Familie. Über Themen wie Herkunft und Zerrissenheit, über Liebe und Heimat. Sie haben unseren Zuschauer*innen eine Seite gezeigt, die man gerade im Rap nur selten sieht. Reflektierte, differenzierte und kluge Ansichten jenseits ihres öffentlichen Images. Dieses Buch dient hoffentlich dazu, diese Geschichten weiterzuerzählen. Und eine offene Debatte darüber zu führen, wie wir in diesem Land zusammenleben wollen.

Bastian Asdonk, Hyperbole TV

Einleitung

Es waren die immer gleichen Fragen, die ich und andere mir gestellt haben, seit ich mich entschlossen habe, dieses Buch zu schreiben: Braucht die Welt ein weiteres Werk, in dem Migrant*innen erzählen, dass sie auch zu Deutschland gehören? Ist das keine Selbstverständlichkeit? Oder sollte man es nicht lieber mit Max Czolleks *Desintegriert euch!* halten? Wird der Alltagsrassismus, der in Deutschland abseits der großstädtischen Echokammern immer noch an der Tagesordnung ist, durch solche Formate verharmlost?

Ich weiß nicht, welcher der richtige Weg ist. Und es gab viele unterschiedliche Stimmen dazu, wenn ich nachgefragt habe. Und dennoch wollte ich mir die Naivität nicht nehmen lassen, wollte und will an das glauben, was ich in diesem Format und vor allem in dem nun veröffentlichten Buch von Tag eins an gesehen habe: die Möglichkeit, komplett unterschiedliche Schichten und Szenen anzusprechen. Menschen zusammenzuführen, die sich nur selten treffen, die, die alle fließend Deutsch und doch manchmal ganz unterschiedliche Sprachen sprechen. Und dabei rede ich nicht von Menschen, die durch absurde Konstrukte wie Ländergrenzen getrennt sind. Ich rede von Jugendkultur und Bildungsbürgertum, von Straßen-Rapperin und Soziologiestudent, von der Mutter, die wissen will, was ihr Sohn da hört, und der Tochter, die dem Vater vielleicht etwas verständlicher machen kann, warum sie diese Musik oder jene Influencerin so liebt.

Wenn Kool Savas davon erzählt, wie ihm erst die sogenannte Flüchtlingskrise im Jahr 2015 verdeutlichte, dass auch er ein Geflüchteter ist, wenn Hatice Schmidt über ihren Umzug aus dem beschaulichen Lankwitz ins beinharte Neukölln berichtet oder wenn andere ihre diffuse Angst vor dem Heimatland ihrer Eltern beschreiben, dann ist das für einen Großteil dieser weißen Mehrheitsgesellschaft eben immer noch »Neuland«. Dann hören sie im Idealfall Geschichten, die sie so nicht kannten. Und dann fühlen sich jene, die nicht Teil dieser Mehrheitsgesellschaft sind, eventuell inspiriert und abgebildet. Fühlen sich gesehen und erkennen, dass ihre Idole und Stars ähnliche Erfahrungen hatten. Die Geschichten der Protagonist*innen um Informationen und Hintergrundinfos zu bereichern, sie einzuordnen und mit eigenen Erfahrungen zu verbinden, das ist es, was ich hier versucht habe.

Denn außerhalb der ach so aufgeklärten Journalismus- und Debattenblase, in der ich und viele andere sich bewegen, gibt es Millionen von Kindern und Erwachsenen, die nach solchen Geschichten dürsten oder sie zumindest einmal hören sollten. Denn wenn sie niemand hören würde, wäre das ein Verlust für uns alle. Das ist es, woran ich fest glaube.

Juri Sternburg, Mai 2020

Ich übernehme einfach gerne Dinge
aus anderen Kulturen.
Kool Savas

Celo & Abdi
In der Diaspora

Die Zeil in Frankfurt am Main. Lärm, Menschen, Autos. Seit dem Ende des 19. Jahrhunderts gilt die Straße in Frankfurts Innenstadt als eine der bekanntesten und umsatzstärksten Einkaufsgegenden Deutschlands. Jetzt grade ist davon nicht viel zu sehen. Ein Betrunkener wankt den Bürgersteig entlang, brabbelt etwas, läuft weiter. Der knapp 500 Meter lange westliche Teil der Straße ist seit den 70er-Jahren eine Fußgängerzone. Hier treffen die Menschen einer Stadt aufeinander, die von ihren Extremen lebt. Millionäre und arme Schlucker, Durchschnittsbürger und schillernde Figuren, Bänker und Drogenkranke. Wobei Letzteres manchmal das Gleiche ist:

Frankfurt am Main Subkultur
Vorstrafenfrei sein, ist hier Luxus pur
Celo & Abdi, »Azzlackz«, 2012

Am östlichen Ende der Straße liegt die Konstablerwache, »Konsti« genannt. In den Texten der Frankfurter Rapper wie Haftbefehl und Hanybal spielt sie oft eine entscheidende Rolle. Hier hängt man rum, hier werden Geschäfte gemacht, hier wird man auch mal über den Tisch gezogen. Die beiden Männer, die jetzt auf die Straße einbiegen, wirken nur auf das unerfahrene Auge bedrohlich. Wer sich zwei Minuten mit ihnen unterhält, merkt: Celo & Abdi sind nicht nur ein Herz und eine Seele, sondern auch mit das Sympathischste und Amüsanteste, was Deutschrap an Persönlichkeiten aktuell zu bieten hat.

Höflich, wie sie sind, stellen sie sich erst mal vor. »Mein Name ist Erol Huseinćehaj, bekannt als Celo. Ich bin 38 Jahre alt, geboren am 15. Januar 1982 in Frankfurt am Main im Marienkrankenhaus. Ich bin OBB – Original Bornheimer Bub. Ich bin in Bornheim auf der Bergerstraße aufgewachsen.« Abdi beobachtet ihn, während er redet, dann ist er an der Reihe. »Mein Name ist Abderrahim el Ommali. Ich bin am 7. 8. 1987 in Frankfurt am Main Höchst geboren, gebürtiger Frankfurter Bub.« Die beiden wirken, als wären sie rundum zufrieden mit ihren Aussagen. Grinsend setzen sie sich auf zwei Stühle vor einem Imbiss und bestellen ein paar Softdrinks für alle Anwesenden.

Wenn man Celo fragt, wie seine Geschichte mit und in Deutschland aussieht, klingt das, als würde man ihn fragen, was er zu Mittag gegessen hat: »Mein Vater kam hierher, hat gearbeitet, hat meine Mutter kennengelernt, mein Bruder kam auf die Welt, ich kam auf die Welt. Dann hab ich Abdi kennengelernt, und jetzt sitzen wir hier. Das ist meine Story.« Etwas komplexer ist es natürlich schon. Aber noch bevor man einhaken kann, bedankt sich Abdi bei ihm für die Erwähnung seines Namens und die schöne Geschichte. Der Grat zwischen Humor und ernst gemeinter Zuneigung ist ebenso schmal wie wichtig bei den beiden. Um zu begreifen, was dieses außergewöhnliche Duo ausmacht, muss man sie erleben. Muss sehen, hören oder zumindest verstehen, wie sie miteinander umgehen.

Als Abdi einmal in einem Interview gefragt wurde, wer sein absolutes Traum-Feature für einen Song wäre, dachte er keine Sekunde nach und nannte automatisch seinen musikalischen Partner: Celo. Das hier ist keine Konkurrenz, keine Überheblichkeit. Weder Machogehabe noch falsche Gangster-Attitüde.

Es ist wahre Bruderliebe von zwei jungen Männern, die sich im Callcenter über die damalige gemeinsame Vorliebe für Marihuana und Musik kennengelernt haben und begriffen, dass sie zusammen unschlagbar sind. Was Timon & Pumba im *König der Löwen*, sind sie als »Jugo und der Arab« auf den Straßen Frankfurts:

> *Hennessy und Jack, Haze-Fanatics*
> *Der Jugo und Arab auf der Street wie Classics*
> *Kripo Hessen und sechstes, Hijo de Puta*
> *Wir machen Para mit Yayo und Nouggah*
> Celo & Abdi, »Intro«, 2010

Die Sonne ballert, die beiden haben gute Laune. Während sich die Massen an den beiden Frankfurter Rappern vorbeidrängen, der Geruch von Falafel, Currywurst und Döner Kebab in der Luft steht, machen sich die beiden so ihre Gedanken über ihre Stadt, die vielen zu hart ist, aber schon immer eine gewisse Faszination ausstrahlte. Das Drehkreuz Europas. Worin diese Faszination der beiden für ihre Stadt liegt, kann Abdi schnell und präzise erklären. »Das Zusammenleben in Frankfurt funktioniert sehr gut. Ein plumpes Beispiel: Kai Uwe, der Deutscher ist, und Ali, der Migrant ist, trinken zusammen ein bisschen zu viel, stechen sich aus Versehen gegenseitig ab und gehen danach zusammen in den Puff in der Breiten Gasse. Es wird viel gelacht und viel geweint zusammen. Ganz einfach.« Klingt herzerwärmend und brutal zugleich. Und genau das ist es auch.

»Frankfurt ist schon eine sehr, sehr multikulturelle Stadt«, erzählt Celo. »Das geht schon weit zurück. Zu den Gastarbeitern in den Sechzigern. Hier haben sich in den letzten Jahren viele Kulturen und Nationen angesammelt und leben miteinander.« Die beiden sind eines der besten Beispiele für dieses Miteinander. Celo ist der Sohn bosnischer Einwanderer, Abdis Familie kam aus Marokko nach Deutschland. Beide Väter waren Gastarbeiter, haben diese typischen Lebensgeschichten, die man immer wieder zu hören bekommt, wenn man denn überhaupt nachfragt.

Hinter diesen unzähligen, oft baugleichen Biografien steckt jedoch meist mehr individuelles Leid, als viele der Gastarbeiterkinder zugeben möchten. Die Probleme der Eltern, besonders der Väter, sind für viele der Kinder zwar allgegenwärtig, widersprechen jedoch oft ihrer absoluten Vergötterung von Mutter und Vater. Auch schweigen die Eltern oft, wenn es um die Schwierigkeiten in ihrem Leben geht, sich zu beklagen ist nicht Teil ihrer Lebenseinstellung.

Als Celos Vater geboren wird, heißt sein Land noch Jugoslawien. Früh geht er als Architekt nach Deutschland und bleibt so größtenteils von dem kommenden Horror verschont. Denn infolge des Zerfalls der Sowjetunion sowie der kriegerischen Konflikte in und mit Kroatien wachsen in den Jahren 1990/91 auch die Spannungen zwischen den verschiedenen Ethnien in Bosnien und Herzegowina. Während große Teile der Serben für einen Verbleib in der jugoslawischen Föderation plädieren, gibt es insbesondere bei den Bosniaken den Wunsch, einen eigenen unabhängigen Staat zu bilden. Durch unterschiedliche nationalistische Gruppen immer weiter angeheizt, entsteht der sogenannte Bosnienkrieg, der über 100 000 Opfer fordert. Abertausende Familien fliehen aus dem Land, viele finden in Deutschland sowohl eine Zuflucht als auch eine neue Heimat. Auch Celos Familie trägt Narben aus dieser Zeit. Reden möchte er darüber wenn, dann nur in seinen Songs, wie etwa 2017 in »Diaspora«:

Kein Strom und kein Wasser, Grenzen geschlossen
Den Tod vor Augen, nur noch beten und hoffen
Dreihundert Jahre vergehen,
Cousin hat posttraumatische Schäden
Was soll ich erzähl'n?
Über Bosnien, Brücke zwischen Orient und Okzident
Celo & Abdi, »Diaspora«, 2017

Als Celo aka Erol Huseinćehaj 1982 auf die Welt kommt, ist dieser Krieg noch nicht abzusehen. Doch auch in Deutschland wird es ihm nicht leicht gemacht, das beginnt bereits in der ersten Klasse. Schon damals merkt er, wie unterschiedlich seine Lehrer die »deutschen« und die »ausländischen« Schüler und Schülerinnen behandeln. »Ich habe das damals schon mitbekommen, weil ich auch so steinalte Lehrer aus dieser Vorkriegszeit hatte. Die waren noch zur NS-Zeit aktiv, mäßig. Und die haben uns dann unterrichtet. Für die war das natürlich ein Kulturschock, uns als Gleichberechtigte anzuerkennen.«

An ein Beispiel erinnert er sich ganz genau: »Damals gab es ja Religionsunterricht, das war noch, bevor Ethik eingeführt wurde. Danach hat man ja irgendwann erkannt: Okay, jetzt machen wir besser Ethikunterricht, weil es gibt ja auch Orthodoxe, Juden, Moslems et cetera. Aber damals war das noch gar nicht so vorgesehen.« Er trinkt einen großen Schluck von seinem Softdrink und blinzelt in die Sonne. »Mein Land war damals noch Jugoslawien, und es waren viele Kroaten in meiner Klasse, ich war der einzige Bosnier. Kroaten sind in der Regel katholisch. Und ohne mich zu fragen, haben sie mich dann auch in den katholischen Religionsunterricht eingetragen. Ich wusste nicht mal, was ich da mache. Ich hatte zwar schon davon gehört, Jesus und so, aha, interessant. Aber ich wusste, das ist nicht mein Ding, vor allem als Kind, wenn du sieben oder acht

Jahre alt bist.« Seine Eltern denken, so wird das eben gemacht in Deutschland, das sind offenbar die Regeln. Und Regeln widersetzt man sich nicht.

Aber Celo rebelliert. »Ich bin dann ein paarmal nicht hingegangen, und am nächsten Tag in der Pause kam dieser Religionslehrer in der Schule zu mir: *Tja Erol, ich hab noch ein Hühnchen mit dir zu rupfen!* Das ging dann so weit, dass der Direktor sich eingeschaltet hat, und der hat das überprüft und schließlich gesagt: *Moment mal, der Junge ist doch gar nicht katholisch. Der muss überhaupt nicht dahin.*« Er hat Glück, ist stark genug, um sich zu wehren. Aber die Fälle, in denen Lehrer ausländischen Kindern Steine in den Weg legen, ihnen beispielsweise trotz hervorragender Noten nur eine Hauptschulempfehlung aussprechen, gibt es zuhauf. Wer in migrantischen Familien nachfragt, deren Kinder heute trotz all der Hindernisse mit einem erstklassigen Abitur dastehen, bekommt schnell Dutzende solcher Vorfälle zusammen.

»Da hat sich allerdings einiges getan«, sagt Celo. »Das ist ein Beispiel von früher. Mittlerweile habe ich mitgekriegt, die Lehrer sind ein bisschen integrierter.« Er merkt gar nicht, wie schön dieser Satz ist, und redet einfach weiter. »Die kennen sich aus, aber ich bin halt in der Zeit aufgewachsen, wo dieser Umbruch gar nicht geplant war. Die dachten, wir sind Gastarbeiter, und ein Gastarbeiter geht eh zurück.« Doch aus den Gastarbeitern, die temporär kommen sollten und wollten, wurden Einwohner, Staatsangehörige und Bürger. Sie heirateten, bekamen Kinder, bauten Häuser, gründeten Firmen und wurden Teil eines neuen Deutschlands.

Und dennoch ist die alte Heimat immer Bestandteil des Lebens. Wenn am letzten Schultag vor den Sommerferien bereits die Sachen gepackt sind, weil es am nächsten Morgen ganz früh endlich nach Bosnien geht, dann ist das mehr als Urlaub. Das Auto bis unters Dach vollgestopft, an jeder erdenklichen Stelle noch Koffer und Mitbringsel festgeschnallt, und dann fährt man 18 Stunden über die Autobahn, die ab der deutschen Grenze nicht mehr ganz so bequem ist. Sechs Wochen in Bosnien. Hier wird nur noch bosnisch geredet, gegessen, gedacht und geträumt. Warum man diese Verbindung zu seinen Wurzeln aufgeben sollte, bleibt ein weiteres Mysterium deutscher Willkommenskultur.

Die oft gehörte Forderung, die alte Heimat zu vergessen, ist so realitätsfremd wie frech. Und für Celo kommt das auch überhaupt nicht infrage. »Nach sechs Wochen war das zwar alles wieder vorbei. Die Schule ging wieder los, die Eltern gingen zur Arbeit. Aber ich fühlte mich trotzdem bosnisch.« Das ist heute nicht anders. »Aber ich bin eben ein Hybrid. Wir nennen das Diaspora. Wir sind die Bosnier in der Diaspora, im Ausland. Wir sind eine Gemeinschaft, die im Ausland lebt. Hier gibt es auch bosnische Moscheen, bosnische Cafés. Treffpunkte, wo sich Bosnier versammeln und ihre Kultur leben. Das ist nicht in jedem Land einfach so gegeben, aber eben in Deutschland. Dadurch entwickelt sich etwas Neues. Vielleicht vergleichbar mit Italienern in New York. Meine Erziehung fand auf jeden Fall in einer Parallelwelt statt. Aber nicht im negativen Sinn. Das fängt beim Essen an, es gibt eben kein Schweinefleisch.« Für manche aber beginnt dort bereits der Untergang des Abendlandes, wenn sich jemand nicht regelmäßig in Schweinesülze baden will.

Es ist Teil der gefühlt seit Ewigkeiten laufenden deutschen Debatte über Integration und Leitkultur, dass sich Menschen mit schwarzen Haaren doppelt und dreifach beweisen müssen. Dass sie verantwortlich gemacht werden für Taten von ihnen vollkommen Fremden, die zufällig aus demselben Land stammen. Wegen ihrer Herkunft diskriminiert zu werden gehört so sehr zum Alltag, dass Abdi, darauf angesprochen, antwortet, als hätte man ihn gefragt, ob er schon mal telefoniert hat. »Ich wurde gestern erst diskriminiert. Das ist einfach so, weil ich Marokkaner bin. Es gibt eben diese Klischees. Hier zum Beispiel, wo wir uns gerade aufhalten, gibt es Marokkaner, die Drogen verkaufen. Es gibt halt den einen oder anderen marokkanischen Mitbürger, der auch mal wen übers Ohr haut, um sein Geld zu machen. Das gibt's doch überall. In Deutschland bekommt man da schnell einen Stempel aufgedrückt: *Ah du bist doch Marokk* und so. Aber man muss halt wirklich unterscheiden können: Möchte mich da jetzt jemand wirklich beleidigen, oder macht jemand einen Spaß über die üblichen Klischees. Denn damit sollte man umgehen können, finde ich.«

Es gibt ja auch Klischees über Deutsche. Pünktlichkeit ist eine der obersten Tugenden, das können so gut wie alle Migranten und Migrantinnen bestätigen. Celo stöhnt auf. »Da bin ich gar nicht deutsch! Bei der Pünktlichkeit!« Abdi lacht sofort laut auf: »Das kann ich bestätigen!« Ein Schlagabtausch à la Celo & Abdi beginnt. »Der hat schon graue Haare bekommen wegen mir«, sagt Celo, und Abdi fasst sich direkt an den Schädel mit den auf null rasierten Seiten. »Hab ich wirklich graue Haare?« Angst macht sich in seinem Gesicht breit, aber Celo beruhigt ihn: »Nein Mann, ich mach Spaß.« Die Aufregung bei Abdi legt sich, während Celo aufs Thema zurückkommt. »Auf jeden Fall, Pünktlichkeit ist das A und O in Deutschland. Das hat mir auch schon viele Wege verbaut. Das hab ich mir nie angeeignet.«

Dass sich die beiden Rapper nicht auf den gleichen Pfad wie ihre Eltern begeben werden, war früh klar. Abdis Papa hoffte eine Zeit lang, dass der Sohn eine Profi-Karriere als Fußballer hinlegt, aber die Hoffnungen lösten sich schnell in Luft auf. Lieber freestylt der Junge auf der Straße mit seinen Freunden, legt als DJ auf oder tanzt Breakdance. Die älteren Jungs aus dem Block klingeln regelmäßig bei seinen Eltern und verlangen, dass »die Rotzgöre« nach unten kommen soll, tanzen. Der Weg zum Entertainer war früh geebnet. Eine komplett andere Welt als die des Vaters, eine Welt, die auf den ersten Blick wenig mit *dem* bürgerlichen Frankfurter Erfolgsmodell schlechthin – dem »Bänker« – zu tun hat:

> *Drogenhändler statt Bänker geworden*
> *Wollte und konnte nicht den Eltern gehorchen*
> *Erforschen, wo meine Grenzen sind*
> *Jetzt kratze ich täglich Striche an die Wände hin*
> **Celo & Abdi, »Besuchstag«, 2012**

»Damals kamen die Firmen nach Marokko und haben geguckt, wen sie als Gastarbeiter einladen können. Mein Vater kam mit ungefähr achtzehn Jahren nach Deutschland, sein Cousin hatte ihn eingeladen, der war schon in Deutschland. Ja und dann hat er hier in Deutschland gelebt, mit Junggesellen sozusagen. Die waren zwar keine richtigen Junggesellen, die hatten schon alle Frauen. Aber die Frauen waren halt in der Heimat. Und dann haben die Männer immer zu viert oder fünft zusammen in einer Wohnung gelebt. Haben selber Essen gemacht, Wäsche gewaschen und so.« Abdi lächelt verschmitzt. »Was man als Mann aus Marokko jetzt nicht unbedingt gewohnt ist.« War sein Vater froh, in Deutschland zu sein? Abdis Antwort kommt überraschend: »Mein Vater hat den deutschen Adler tätowiert. Der Adler ist aber nur noch zur Hälfte da, der wurde irgendwann mal gelasert.« Warum denn ein Adler? »Weil Deutschland das beste Land der Welt ist vielleicht? Deutschland gute Land, maschallah, al-hamdu lillah.« Er macht sich kurz lustig über die eigene Welt und den Dialekt, den Deutsche von Schwarzköpfen wie ihm oft erwarten, wird aber sofort wieder ernst, wenn er sagt: »Wir leben gerne hier!«

Der Blick schweift ab, wenn er an seinen Vater denkt. Für den Musiker ist es bis heute schwer vorstellbar, dass sein Vater auch mal jung war und sich tätowieren hat lassen. Die Aura der Respektsperson wiegt schwerer als die Vorstellungskraft des jungen Mannes.

Bei Celo ist das nicht viel anders. Die Welt, in der er sich heute bewegt, hat nichts zu tun mit dem harten Arbeiterleben seiner Eltern. Die Traditionen hingegen versuchen sie beide wenigstens im Privaten aufrechtzuerhalten. »Ich hab in meinem Elternhaus nur Bosnisch gesprochen, meine Muttersprache oder Heimatsprache. Meine Eltern haben auch nie deutsch mit mir geredet. Deutsch hab ich dann immer nur in der Schule gesprochen oder draußen mit Freunden.«

Es gehört zu den deutschen Eigenarten, man kann es auch ganz einfach Rassismus nennen, dass es auf die Sprache ankommt, ob ein solches Verhalten entweder bewundert oder abgewertet wird. Wenn die Eltern mit dem Kind zu Hause nur französisch oder norwegisch reden, staunen die Deutschen. Wie kultiviert und weltmännisch. Bei Sprachen wie Türkisch oder etwa Persisch ändert sich der Blick ganz schnell. Da wird plötzlich von fehlender Integration gesprochen. Von Familien, die sich nicht anpassen. Von lernunwilligen Menschen. Von Leitkultur und Strafen. Celo hat die deutsche Sprache ganz traditionell gelernt: im Fernsehen. »Bevor ich zur Schule ging, hab ich Serien geguckt. So hab ich begonnen, die Sprache zu verstehen.«

Zu Hause herrschte vor allem die Tradition, die mancher Politiker als Wurzel allen Übels ausgemacht hat. »Aber es ist doch eine schöne Tradition. Zum Beispiel abends mit der Familie zusammenzusitzen, wenn alle zu Besuch sind. Viele von uns sind ja im ganzen Land verteilt. Nicht jeder wohnt in Frankfurt. Manche sind in München, manche sind in Stuttgart, und wenn man sich dann trifft, ist das schon ein schönes Gefühl, dieser

Familienzusammenhalt.« Aber große Familien werden in Deutschland nun mal traditionell schief angeguckt.

Abdi mischt sich ein. »Also ich bin Deutscher durch und durch.« Trommelwirbel, man wartet auf die Pointe. Und sie kommt: »... und zwar im Feiern!« Er lacht laut auf. »Deutsche sind Partytiere, das muss man denen lassen. Das hab ich abbekommen von den Almanesen. Ich lebe getreu dem Motto: *work hard, party harder.* Wenn ihr manchmal so im Büro hockt oder fünf Tage die Woche aufm Bau steht – egal, wo ihr seid. Und euch sagt: *Scheiße, das kotzt mich alles an.* Dann denkt ihr euch einfach: *Egal, dafür geh ich dann am Wochenende richtig die Sau rauslassen.* Und dann lasst ihr Deutschen auch die Sau raus! Werft mal so 'n Aschenbecher in die Tanzfläche rein oder so, und dann könnt ihr ab Montag wieder schön arbeiten. *Uff jeeehts!* Das ist für mich deutsch! Feiern. Die Deutschen können feiern, definitiv!« Es ist vielleicht auch ihr Blick für die Doppelbödigkeit dieser Feierwut, die die beiden »Afrika« auf »Kaviar« reimen lässt:

> *Hör zu, was Abdi sagt, Hunger in Afrika*
> *Parallel dazu, isst du Hummer und Kaviar*
> *In Bavaria vorm Sony Bravia*
> *Parallel dazu, jagen Tommys Al-Quaida*
> **Celo & Abdi, »Parallelen«, 2012**

Und bei den Marokkanern ist das anders? Abdi überlegt. Dieser sympathische Wahnsinn, der 24/7 in Abdis Augen blitzt, gibt seinen Aussagen die nötige Prise Witz. »Bei uns ist das anders geregelt. Ich kann dir sagen, es gibt natürlich Marokkaner, das sind die schlimmsten Finger. Aber wenn der Fastenmonat Ramadan kommt, das ist eine Sache, die in unserer Kultur einfach integriert ist, dann ist halt ein Monat Ruhe angesagt. Es gibt schon Tage, wo man einfach so denkt: *Ey, vielleicht will ich jetzt einfach mal einen Tag aussetzen.* Aber man ist in diese Tradition reingewachsen. Wenn Ramadan ist: ein Monat die Füße stillhalten, zusammenreißen. Es gibt doch noch elf andere Monate, da kannst du machen, was du willst!« Ist Ramadan eine Tradition, die ihm wichtig ist, gerade auch in Deutschland? »Natürlich. Ich liebe es. Die ersten Tage sind oberschwer, und dann fällt einem auf, dass auch das Portemonnaie fastet, nur dass es dabei immer dicker wird und dass der Lifestyle, dieser gesunde Lifestyle, voll guttut. Und manchmal wünscht man sich wirklich, dass Ramadan sogar drei Monate gehen könnte. Und deswegen finde ich es vorteilhaft, diese Tradition zu haben.«

Celo kommt auf das eigentliche Thema zurück: »Was für mich auch richtig deutsch ist und was ich mir auch angeeignet hab, ist Ordentlichkeit und Papierkram. Weißt du, Bürokratie und so, das ist ja in Deutschland sehr hoch angepriesen. Pünktlichkeit und Bürokratie, da gehört ja eins ins andere. Und zum Beispiel jetzt so Unterlagen, da kannste meinen Manager fragen, hab ich immer alles sortiert. Nach A, B, C, Quittungen und alles für den Steuerberater, und ich krieg auch immer gut zurück bei der Umsatzsteuer und so, weil ich mach das immer ordentlich.«

Also was sind sie jetzt? Deutschmarokkaner? Deutschbosnier? Ausländer? Migranten? Deutsche? Celo winkt ab. »Ich bin hier geboren. Ich bin hier aufgewachsen. Wir sind Kanaken in Deutschland!« Ein paar Wagen brausen laut hupend vorbei, Celo ist abgelenkt. »Das ist auch Deutschland. Kanaken in deutschen Autos, die laut sind und sich gerne präsentieren. Also, wo waren wir? Ah. Ich bin hier geboren, aufgewachsen. Natürlich ist man mit der Heimat verbunden, Bosnien, Sarajevo. Aber da könnte ich mir nicht vorstellen, mein ganzes Leben zu verbringen. Ich bin einfach hier zu verankert. Vielleicht später, wenn ich mal älter bin. Mein Vater geht jetzt fünf Monate nach Bosnien. Wenn es kalt wird, kommt er nach Deutschland, dann wieder zurück nach Bosnien. So ist zurzeit sein Lifestyle. Ich könnte mir das so ähnlich auch vorstellen, aber mit mehr Zeit in Deutschland.«

Der Begriff »Kanake« oder »Kanack« ist längst zum Self-Empowerment geworden. Während ihre Eltern in den 90ern noch von deutschen Neonazis als Kanaken beschimpft wurden, holte sich die nächste Generation das Wort zurück. »Kanake ist man nicht, weil die Eltern nicht Deutsche sind«, führt Abdi aus, während die PS-starken Autos die Zeil rauf und runter donnern. »Ich zitiere jetzt einfach mal den Film *Kanak Attack*. Da sagt der eine: *Meine Goldkette ist Kanake, mein Schweiß ist Kanake, unser ganzer eigener Style ist Kanake*. Auch Kai-Uwe kann Kanake sein, manchmal sogar mehr als ein Ausländer. Deswegen ist Kanake nicht die Herkunft, sondern der Lifestyle, definitiv.«

Celo & Abdi haben diese Wortschöpfung allerdings nicht nur weitergedacht, sie haben sie gleich zu ihrem Markenzeichen gemacht: Azzlack-Rap. Das Label ihres Förderers und Freunds Haftbefehl nennt sich ebenfalls so. Eine ganze Generation bezeichnet sich mittlerweile als *Azzlacks*. »*Azzlack* bedeutet asozialer Kanake. Das ist, wie Abdi beschrieben hat, Kanaken, aber noch eine Spur asozialer. Wir rappen ja wirklich schlimme Sachen.« Abdi nickt, und widersprechen kann und möchte man ihnen da wirklich nicht. Auch wenn ihre Texte bei Weitem nicht vergleichbar sind mit den teils fragwürdigeren Lyrics einiger Kollegen. Der Unterschied zwischen Kunstfigur und realer Persönlichkeit ist im Deutschrap oft enorm. Celo & Abdi jedoch erzählen einfach von den Dingen, die sie erleben. Sie sind Spiegel der Gesellschaft und Block-Poeten in einem. Oder eben der »Ulrich Wickert der Straße«, wie Celo sich in einem der neuesten Song selbst beschreibt.

Hinter dem anfangs vielleicht abschreckenden Begriff *Azzlack* steckt übrigens viel mehr, als man auf den ersten Blick denkt. »Was viele wissen müssen, in Frankfurt ist es so, dass im Jargon viel Kauderwelsch benutzt wird«, erklärt Celo. »Sinti oder Jiddisch zum Beispiel. *Azzlack* ist ein altes Wort, welches die Sinti früher benutzt haben. *Schmock* ist ein jiddisches Wort. *Tacheles* ist ein jiddisches Wort. Frankfurt war ja immer Handels- und Bankenstadt, so hat sich die Sprache auch entwickelt.«

Die Texte von Haftbefehl oder Celo & Abdi sind voll von solchen Hybriden und Wortschöpfungen, sie sind zu ihrem Markenzeichen geworden. Ob spanisch oder jiddisch, bosnisch, arabisch oder italienisch, alles wird verwertet, wird durch den Fleischwolf der Straße gedreht und kommt als neues, frisches Produkt wieder auf den Markt. Für ungeübte Hörer ist es ohne ein Wörterbuch und genug Kenntnis des Straßenjargons beinahe unmöglich, ihre Texte zu verstehen. Wo die Älteren oft fürchten, dass die schöne deutsche Sprache verwurstet wird, ist für die jüngeren Generationen vollkommen klar, dass sich Sprache hier in atemberaubendem Tempo weiterentwickelt – so wie es bereits seit Jahrhunderten geschieht:

Guck Blaulicht und Krips in der Siedlung
Frankfurt, Phantom, Last Action Hero
Packs oder Kilos, Haze-Ernte, Bio
Captain Planet, Temperament Al Pacino
Celo & Abdi, »Last Action Hero«, 2012

Celo hat einen ganz klaren Blick auf die Sprache seines Landes. »Für mich bedeutet die deutsche Sprache folgendes Zitat: *Deutsche Sprache schwere Sprache*. Das ist das Erste, was mir in den

Sinn kommt. Aber ich bin der deutschen Sprache komplett mächtig. Und wenn man Deutsch kann, fällt es einem ganz leicht, Englisch zu lernen. Die deutsche Sprache ist eine schöne Sprache. Ich mag sie sehr.« Und wie zum Beweis, dass er die Sprache nicht nur beherrscht, sondern auch wunderschöne Bilder mit ihr malen kann, steht er auf und sagt: »Deutschland ist für mich auf jeden Fall so ein richtig schönes, dunkles Roggenbrot.« Und dabei rollt er das R so sehr, dass es erst weiter hinter der Zeil in der Abendsonne Frankfurts irgendwo zum Stehen kommt.

AK Ausserkontrolle
Ein kultivierter Kanake

Typisch deutsche Eigenschaften?«, Davut Altundal überlegt ein paar Sekunden, er sucht offenbar in seinen Erinnerungen, dann fällt es ihm ein. »Die Deutschen lassen sich halt voll oft scheiden.« Aus seiner Stimme klingt leichte Belustigung, aber ob er sich wirklich amüsiert oder einfach nur trocken wiedergibt, was er in den letzten Jahrzehnten beobachtet hat, bleibt unklar. Denn sein Gesicht ist nicht zu erkennen. Lediglich die stechenden Augen sind zu sehen, der Rest wird von einem schwarzen Basecap und einem umgebundenen blauen Bandana verdeckt. Grauer Kapuzenpullover und schwarze Lederjacke runden das Bild ab. Ein klassisches Bankräuber-Outfit, könnte man meinen.

Dabei sind Masken keine Seltenheit im Rap-Game. Ob Sido, 18 Karat, Lance Butters, Genetikk oder Cro – es gibt die unterschiedlichsten Gründe, sein Gesicht zu verstecken: keine Lust, auf der Straße erkannt zu werden, nicht das passende Gesicht zum Image oder extraterrestrische Lebewesen als Alter Ego. Bei Davut Altundal jedoch, der sich als Rapper AK Ausserkontrolle nennt und in seinen Tracks und Texten den Berliner Arbeiterbezirk Wedding repräsentiert, war die Maske bereits Teil seiner Persönlichkeit, lange bevor er gerappt hat.

Wenn man provokant sein möchte, würde man die Maske als seine alte Arbeitskleidung betiteln. Denn AK Ausserkontrolle hat eine Laufbahn im kriminellen Milieu hinter sich, die man tatsächlich als »Karriere« bezeichnen kann. Doch während andere Rapper gerne damit prahlen, dass sie mit 16 Jahren auch mal ein paar Gramm Gras gedealt haben, ist es Davut eher leid, in Interviews über seine Zeit in den Boulevardmedien und auf Fahndungsplakaten zu reden. Sein altes Ich ist Fluch und Segen zugleich. Fluch, weil er oft darauf reduziert wird, Segen, weil er eine Geschichte mitbringt, die man hören will. Aber der Reihe nach.

»Meine Eltern kommen ursprünglich aus der Türkei, aus Mardin, das ist kurdisches Gebiet in Südostanatolien«, erzählt er. »Sie sind damals in den Libanon gezogen und vom Libanon nach Deutschland. Das hatte alles viel mit Kriegen und Unruhen zu tun, logisch. Die sind quasi immer weiter geflüchtet. Und am Ende haben meine Eltern dann hier in Deutschland ihre Ruhe gefunden.« Wann Davut genau geboren ist, bleibt bewusst im Dunkeln. Er findet, das geht niemanden etwas an.

Auch sein exakter Geburtsort bleibt geheim. Er ist Berliner, das reicht. Manchmal hat man das Gefühl, dass es ihm sogar schon zu viel ist, überhaupt vor einer Kamera zu stehen oder sich interviewen zu lassen. Geschweige denn, dass er sich durch die Augen in seine Seele blicken lassen möchte. Etwas zu erzählen hat er dennoch, und seine Geschichte klingt oberflächlich betrachtet wie die vieler Migrantenkinder. »Natürlich war das ein Struggle, das war hart für meine Eltern. Die mussten alles zurücklassen, was sie besaßen. Stell dir einfach vor, wie das ist, wenn du hier groß wirst, dir alles aufbaust und mit dreißig Jahren auf einmal ein Krieg in deiner Heimat ausbricht und du das Land verlassen musst.« Eine Erfahrung, die vielleicht immer noch sehr real und präsent ist:

Mein Herz bleibt stehen, der Schmerz vergeht
Die letzten Tränen verwehen, das Blei zerfetzt die Ven'n
Die Kugel steckt tief in meiner Brust drin
Wer hätt' gedacht, dass ich nie wieder Luft krieg
AK Ausserkontrolle, »Bruder«, 2018

In Deutschland kennen wir diese Geschichten, medial werden sie oft aufbereitet. Manche haben sogar das Gefühl, sie schon zu oft gehört zu haben. Aber diese Schicksalsschläge wirklich nachzuvollziehen, sich in die Lage der Betroffenen zu versetzen, ist für die zentraleuropäische Nachkriegsgenerationen meist so gut wie unmöglich. Was es wirklich bedeutet, wenn Bomben vom Himmel fallen oder das Heimatdorf von Militärs gesäubert wird, verstehen die wenigsten. Wie soll man das auch nachempfinden, wenn man mit der Gewissheit aufgewachsen ist, dass ein geschlossener Supermarkt oder eine Reifenpanne das größtmögliche gesellschaftliche Übel ist.

Die Vertreter*innen der Generation von Davut hingegen sind nicht selten mit einem Kriegstrauma aufgewachsen. Wenn nicht mit dem eigenen, dann mit dem der Eltern. »Stell dir das einfach mal real vor, du hast nur ein paar Stunden Zeit, um alles zu packen. Da nimmst du, was du tragen kannst, was ein bisschen Wert hat, und läufst los. Einfach nur weg!« Genau so haben es Davuts Eltern gemacht. Als seine Familie in Deutschland ankam, wurde zwar nicht mehr geschossen, aber die Probleme lösten sich trotzdem nicht in Luft auf. »Es ist für niemanden schön, in ein fremdes Land zu kommen, kein Wort der neuen Sprache zu verstehen und überhaupt nicht zu wissen, was man jetzt machen soll. Wir sind heute elf Geschwister. Damals hatten meine Eltern bereits sechs Kinder. Flieh mal mit sechs Kindern aus deiner Heimat. Das ist schon ein Problem.« Solche Erlebnisse schweißen aber auch zusammen, so viel ist klar.

Vielleicht liegt es daran, dass er als Kind nie wirklich verstehen konnte, warum seine weiß-deutschen Klassenkameraden so oft getrennte Eltern hatten. »Ich kenn das schon, seit ich klein bin, aus der Schule. Von zehn deutschen Kindern waren bei sechs die Eltern geschieden. Ich hab mich immer gewundert, warum das so ist. Bei den Ausländern, die ich kannte, war das nie so. Die lebten einfach zusammen, ganz normal halt. Für mich war es unglaublich schwer, das zu kapieren.«

Inzwischen sieht das etwas anders aus, die Lebensrealität hat ihn eingeholt. »Jetzt bin ich natürlich erwachsen«, er lacht. »Jetzt versteh ich das natürlich vollkommen.« Bis heute unklar ist jedoch etwas anderes geblieben: Noch immer weiß er nicht so richtig, ob er sich angekommen fühlt. Zu viele Steine wurden ihm in den Weg gelegt, und zu viel hat er sich auch selbst verbaut. »Ja, ich bin hier geboren, aber so richtig integriert fühl ich mich nicht. Das hat verschiedene Gründe. Wenn du siehst – okay, ich hab hier einen Monat Aufenthalt, ich hab nicht mal einen vernünftigen Pass, obwohl ich offiziell von hier komme, ich hab keine richtige Arbeitserlaubnis, alles ist immer nur beschränkt auf zwei oder drei Monate, wie soll ich mich da irgendwo bewerben?«

Es ist kein Geheimnis, dass man Jugendlichen vor allem eins bieten muss, wenn man will, dass sie sich gut entwickeln: Perspektiven. Wer aber alle paar Monate in einer Schlange vor dem Ausländeramt warten muss und hofft, eine weitere Verlängerung des Aufenthaltsstatus zu bekommen, wie soll der sich in diesem Konstrukt zu Hause fühlen? Wie soll er Pläne schmieden?

Nach Schätzungen der Bundeszentrale für politische Bildung besitzen bis zu 20 Prozent der Geflüchteten, Schutzsuchenden und Ausländer*innen in Deutschland lediglich einen befristeten Aufenthaltstitel. Viele dieser Menschen haben nie ein anderes Land als Deutschland kennengelernt, wurden sogar hier geboren. Sie sind somit von vielen Aspekten der demokratischen Teilhabe komplett ausgeschlossen, können beispielsweise nicht wählen. Und auch auf dem Arbeitsmarkt oder im Alltag gibt es keine Gleichberechtigung, wie das Bundesverfassungsgericht bereits 2012 feststellte, als es formulierte, dass für Asylbewerber keine rechtlichen Normen eines »menschenwürdigen Existenzminimums« existierten. Der ideale Nährboden für Kriminalität und die Suche nach alternativen Möglichkeiten, Geld zu verdienen.

In Davuts Fall war das nicht anders. »Ich komm aus dem Wedding, und man weiß ja, dass der Wedding ein Problembezirk ist, das ist ein sozialer Brennpunkt. Viel Kriminalität. Das liegt wahrscheinlich auch daran, dass die ganzen Familien, die integriert werden mussten, einfach alle auf einen Fleck gesetzt wurden. Die haben einfach zig Leute ohne Chancen in einen Block gestopft. Und dann ist das hier alles ein wenig außer Kontrolle geraten.« Und so wurde auch AK Ausserkontrolle durch diese Umstände geboren. »Im Endeffekt werden dir alle Türen damit verschlossen«, sagt AK und zieht an seiner Zigarette. »Da braucht man sich nicht zu wundern, wenn wir diese Türen dann am Ende aufbrechen.«

Nun gibt es auch viele Jugendliche, die unter ähnlichen Umständen groß werden und trotzdem nicht beschließen, Türen aufzubrechen. Komplett von der Hand zu weisen ist seine Argumentationskette allerdings auch nicht. In einer kapitalistischen Welt, in der Besitz und Status als besonders erstrebenswert gelten, in der derjenige als erfolgreich angesehen wird, der besonders viel besitzt, wer wundert sich da über einen Jugendlichen, der diese Verheißungen ebenfalls für sich einfordert?

Dass man mit klassischer sogenannter harter Arbeit nicht zum Millionär wird, dürfte sich inzwischen auch in Deutschland herumgesprochen haben. Das neoliberale Narrativ, dass »jeder seines Glückes Schmied sei«, ist zwar beliebt, blendet jedoch komplett aus, dass jeder Schmied auch erst mal ein Eisen braucht, welches er formen kann. Also beschließt Davut, sich zu holen, was er will, aber nicht haben kann. Es beginnt mit kleinen Abziehereien, dann Diebstahl, Einbruch, Körperverletzung. Die Liste ist zu lang, um sie hier komplett aufzuzählen.

»Klar hätte ich mir mein Leben ein bisschen anders vorgestellt und mir auch anders gewünscht, aber wie sagt man hier: ist ja kein Wunschkonzert.«

Wir laufen weiter durch die Siedlungen seines Heimatbezirks, der für ihn ebenfalls Fluch und Segen bedeutete. »Wenn du hier aufwächst, kann es ganz schnell passieren, dass du irgendwie auf die schiefe Bahn gerätst. Ich will nicht sagen, dass immer andere dran schuld sind, aber wenn du hier groß wirst, dann wächst man da einfach rein. Die Vorbilder, die man hier hat, sind Jungs, die dicke Karren fahren und Geld ohne Ende haben. Wenn du das als kleiner Junge schon täglich siehst, dann willst du das auch haben. Ist doch klar. Es ist wirklich eine Fünfzig-fünfzig-Chance, ob man hier kriminell wird oder nicht.« Davut wurde kriminell.

Aber es reichte ihm bald nicht mehr, einfach irgendwo einzubrechen und ein paar Hundert Euro für einen gestohlenen Fernseher abzukassieren. Wenn, dann richtig, so lautete die Devise. Seine Crew, mit der er während der Anfangsjahre seiner musikalischen Karriere die ersten Songs rausbringt, legt sich bei ihren Brüchen eine ganz eigene Vorgehensweise zu.

Mit PS-starken Autos fahren sie entweder vor Supermärkten und Juwelieren vor oder brettern mit den Wagen direkt durch das Schaufenster. Am helllichten Tag, vor Passanten, Angestellten und Securitys. Von diesem Moment an geben sie sich zwei Minuten. Zwei Minuten, in denen die Tageseinnahmen geraubt, Vitrinen zertrümmert, Wachmänner vertrieben werden oder Schmuck in die eigenen Taschen verfrachtet wird. Das erregt logischerweise jede Menge Aufsehen. Die Boulevardmedien taufen sie nach einem ihrer beliebtesten Instrumente: die Gullydeckelbande. Denn oft werfen die Täter die kiloschweren Deckel durchs Schaufenster und steigen ein. In wenigen Sekunden wird alles eingesackt, dann geht es mit 300 km/h über die Stadtautobahn. Fahnder, die ihnen nachfahren, müssen die Verfolgungen regelmäßig abbrechen. Zu gefährlich für alle Beteiligten. Der Adrenalinkick, der sich einstellt, wenn man mit einem Auto voller Bargeld durch die Stadt rast und die Sirenen hinter sich lässt, ist unbeschreiblich. Ein Leben auf der Überholspur, im wahrsten Sinne des Wortes.

Einmal im Erfolgsrausch, geht es nun Schlag auf Schlag. Über einhundert Blitzeinbrüche in Kiosken, Kaufhäusern, Tankstellen, Tabakläden und Elektronikmärkten. Nicht selten mehrere in einer Nacht. Die Ziele werden vorher genauestens ausgespäht, die Aufgaben in der Gang sind gut verteilt. Schnell, schneller, außer Kontrolle.

Das erbeutete Geld wird oft noch in der gleichen Nacht ausgegeben. In Diskotheken, Casinos, Saunaclubs oder für teure Autos. Das Geld fliegt manchmal schneller aus dem Fenster, als es aus den Kassen gegriffen wurde. Kein Wunder, es wurde ja auch verhältnismäßig leicht verdient. Gedanken über die Zukunft macht sich keiner der Jungs so richtig. Man lebt wie im Rausch im Hier und Jetzt:

Schwing den Hammer,
lass die Scheiben brechen
Weiße Päckchen, ich hatte mehr Nasen
als Michael Jackson
AK Ausserkontrolle & Shindy, »Hood«, 2020

Ein paar Monate oder Jahre kann so was gut gehen, am Ende jedoch steht man fast immer auf der Verliererseite. Irgendwann, als mal wieder die Paranoia vor der Staatsgewalt überhandnimmt, die ununterbrochen Jagd auf die Bande macht, fragt sich Davut, ob er so wirklich weiterleben will. »Unsere Eltern konnten uns auf das Leben hier nicht vorbereiten. Die kamen hier ja ebenfalls in einem fremden Land an, alles war neu. Viele haben selber zehn oder zwanzig Jahre gebraucht, um sich an Deutschland zu gewöhnen. Die konnten uns auf unserem Weg nicht viel mitgeben. Wir mussten das alles selbst erkunden. Diese Stadt, dieses Land, dieses Leben hier. Gleichzeitig sind wir alle mit komplett gemischten Traditionen aufgewachsen. Auf der einen Seite die deutsche Kultur, die man täglich sieht und mitbekommt, und auf der anderen die Traditionen der eigenen Familie. Das sind zwei vollkommen verschiedene Welten gewesen im Endeffekt. Du liebst natürlich deine Familie, du liebst deine Herkunft, du liebst, was du bist. Aber du bist jetzt in einem anderen Land, du bist hier geboren, und du liebst auch dieses Land. Das ist alles verwirrend. Man liebt die Sprache, liebt einfach alles hier, und das musst du dann irgendwie unter Dach und Fach kriegen. Das ist nicht so einfach alles.« Ein Grund, Juweliere auszurauben, ist es zwar auch nicht, aber der Zwiespalt, in dem sich Jugendliche befinden, wie auch Davut einer war, ist nachvollziehbar.

»Irgendwann lässt man dann alles fallen. Man arbeitet dann nicht mehr für oder mit dem Staat, man arbeitet plötzlich automatisch gegen den Staat. Du siehst keine Perspektiven mehr, denkst dir, wo soll das alles hinführen, für was mach ich das alles? Ich hatte gar nichts gegen diesen Staat an sich oder gar gegen das Land, die Nationalität. Das war überhaupt kein Auflehnen. Wir wollten nur leben wie die anderen.«

Oder zumindest wie die »anderen«, die man in den teuren Autos vorbeibrettern sah oder die einem täglich im Fernsehen präsentiert wurden. Die Schönen und Reichen. Die, deren Leben als das ultimative Ziel vorgegaukelt wird. »Es geht doch immer darum, dass man was erreichen will in seinem Leben. Das wollen doch alle. Jeder, der seine Arbeit macht und auf etwas hinarbeitet, um seine Zukunft abzusichern. Das ist doch das Wichtigste im Leben. Man baut sich etwas auf, man kümmert sich um seine Familie, man hat irgendwann eine Frau, Kinder.« Es sind eigentlich ganz kleine Träume, die er da formuliert. Aber für viele sind sie unerreichbar. Genauso unerreichbar wie ein Juwelenraub für den gut behüteten Sohn aus dem Reihenhaus.

»Und wenn dir die ganze Zeit die Türen vor der Nase zugeknallt werden, wenn ich keine Ausbildung machen kann, wenn ich nicht weiß, was die Zukunft bringt, dann braucht man sich am Ende nicht zu wundern, wenn einige sich das auf eine ungewöhnliche Art und Weise holen wollen. Dann geht man eben mit dem Kopf durch die Wand. Klar hat man dann irgendwann auch einen gewissen Hass auf den Staat oder auf die zuständigen Personen, die Behörden. Da entwickelt sich Wut.«

Seine Wut kanalisiert er unter anderem, indem er sich über Jahre ein Katz-und-Maus-Spiel mit der Polizei liefert. Immer wieder sitzt er für einige Wochen oder Monate in der Zelle, dann geht es weiter wie zuvor. Ein paar Jahre geht das mit den Einbrüchen mehr oder weniger gut. Auf dem Höhepunkt ihrer »Erfolgsphase« fahren die Mitglieder der Bande mit einem Sportwagen in den neu eröffneten Apple-Store auf dem Berliner Kurfürstendamm oder überfallen das weltberühmte Kaufhaus des Westens, kurz KaDeWe. Die Taten machen bundesweit Schlagzeilen, Dokumentationen über die Bande werden gedreht, die Überwachungsvideos ihrer Raubzüge schaffen es zu *Aktenzeichen XY* und in die *BILD*. Sie erbeuten insgesamt Millionenbeträge, der Ghetto-Ruhm wächst:

Gangster, ich hab ein'n Coup mit mein'n Männern vor
Ich klau dein'n Vectra und du findest ihn im Apple-Store
Kleinwagen, seit Tagen einplanen
Zeit sparen, kein Parken, reinrasen
AK Ausserkontrolle, »136er«, 2020

Aber irgendwann ist der Bogen überspannt. Teile der Gang werden nach monatelanger Observation geschnappt. Wie und wo und wer, das ist alles Teil des Mysteriums, das die Gullydeckelbande sich bis heute in den Berliner Straßen bewahrt hat. Davut ist einigermaßen unbeschadet aus der Sache rausgekommen, je nachdem, wie man es sieht. Er hätte sich nicht beschweren können, wenn er für fünf oder mehr Jahre hinter Gitter gelandet wäre.

Heute holt er sich den Nervenkitzel und den Applaus woanders. »Anerkennung bedeutet heute für mich, auf Tour zu gehen. Da stehen dann fünfhundert Leute und rappen deine Texte auswendig mit, und du denkst dir: *Krass, von den fünfhundert sind bestimmt dreihundertfünfzig irgendwelche deutschen Kids, und die rasten richtig aus.* Im positiven Sinne ausrasten natürlich. Das ist schon cool. Das gibt einem dieses Gefühl der Anerkennung, das einem lange verwehrt wurde. Die Leute kaufen deine Musik, geben Geld dafür aus, kommen gerne zu deinen Konzerten, millionenfache Klicks auf YouTube. Das kriegt ja jeder mit in meinem privaten Umfeld. Klar ist das schön. Es heißt jetzt nicht mehr: *Der ist schon wieder in den Medien wegen irgendwelcher krimineller Aktivitäten,* sondern ich bin jetzt wegen Musik in den Medien. Die Leute sehen, dass ich aufgehört hab, Scheiße zu bauen. Ich muss jetzt nicht mehr in den Knast. Da freut sich doch auch die ganze Familie drüber.« Seine Musik, ebenso rau und hart wie der Berliner Wedding, ist Ventil und Erfolgsgarant zugleich.

»Ich mache das leidenschaftlich gerne, die Musik. Das hängt auch mit meinem Leben zusammen, na klar. Ich hab einfach probiert, meine Geschichten in krasse Beats zu verpacken und es da rauszuschaffen, wo ich war. Einen Job zu haben, einen Job, der mir Spaß macht, einen Job, in dem ich eine Zukunft sehe. Etwas, was ich kann, wo ich für das respektiert werde, was ich mache, anerkannt werde. Das ist das, was mir gefehlt hat in Deutschland.«

Es klingt so einfach, aber das ist es nicht. Die meisten Menschen sehnen sich ein Leben lang nach solchen Erfolgserlebnissen. Sei es im Privaten oder beruflich. Davut hat etwas erreicht, so viel ist klar. Angekommen wirkt er trotzdem nicht, die Augen blitzen immer noch, als müsse er jede Sekunde damit rechnen, verhaftet zu werden, als wollte ihn ununterbrochen jemand auf die Probe stellen. Hat er seinen Frieden gemacht mit Deutschland? Fühlt er sich als Deutscher, jetzt, wo er auf legalem Weg sein Geld hier verdient? Wo ihm die Leute applaudieren? Sind das überhaupt Gründe, sich irgendwo zugehörig zu fühlen?

»Ich hab einen türkischen Pass. Also werd ich in Deutschland als Türke gesehen, nach wie vor. Ich würde auch niemals leugnen, dass ich aus der Türkei komme. Ich bin Kurde aus der Türkei, und daran wird sich auch nichts ändern. Ich lebe zwar hier in Deutschland, ich kenn zwar alle Sitten, das ist auch mein Zuhause, aber trotzdem hab ich andere Wurzeln. Die vergisst man halt nicht. Ich hab meine Eltern, meine Sprache. Das ist nun mal nicht deutsch alles.« Die oftmals heraufbeschworene Parallelwelt sieht er trotzdem nicht. Nicht mal in seinem geliebten Wedding.

»Hier im Kiez ist es halt so, dass sich jeder kennt. Das Coole am Wedding ist, dass hier alle zusammenhalten. Das hast du bei den anderen Bezirken in Berlin nicht so stark. Die versuchen, sich meistens gegenseitig zu ficken. Ich hab auch viele deutsche Freunde, sehr gute Freunde sogar. Viele, mit denen ich aufgewachsen bin, sind deutsch. Ich lebe hier nun mal in Deutschland, klar, dass ich dann auch Deutsche kennenlerne. Max, also der Rapper Kontra K, ist zum Beispiel ein sehr guter Freund von mir, und ich seh da keine Unterschiede. Wir sitzen hier alle im selben Boot, da gibt's für mich nicht dieses typische: *Ich bin Kanake, du bist Deutscher,* und deswegen hat man miteinander nichts zu tun. Ganz im Gegenteil. Siehe Kontra K. Ich kann ihm bei Sachen helfen, bei denen er nicht weiterweiß, und umgekehrt. Viele sind hier gemeinsam groß geworden, deswegen gibt es diese Unterschiede bei uns nicht oder diesen Nationalismus. Solange man respektiert wird, respektiert man auch die Person, die vor einem steht, und dann ist es irrelevant, ob da jetzt ein Deutscher, Türke oder Chinese steht. Das spielt keine Rolle für mich. Das macht den Wedding aus, wir halten hier alle zusammen.«

Einst besang Ernst Busch den »Roten Wedding«, in dem die Solidarität und der Kampf der Arbeiter nicht zu brechen seien. Heute ist es unter anderem ein AK Ausserkontrolle, der die Geschichten aus dem Bezirk und dessen proletarisches Erbe vertont:

> *Jeden Tag dasselbe seh'n,*
> *alles läuft auf Dauerschleife*
> *Bei dir läuft, doch nicht mehr lange,*
> *so wie Raucherbeine*
> **AK Ausserkontrolle, »XY«, 2018**

AK richtet sein Tuch vor dem Gesicht, mittlerweile hat man fast vergessen, dass er es überhaupt trägt. Alles ist eben Gewohnheitssache, auch das neue Land. »Ich bin natürlich dankbar, dass wir aus dem Krieg hier damals Anschluss gefunden haben. Ich bin hier geboren, das ist mein Leben hier. Genau wie für jeden anderen. Ich seh mich als einen Teil von diesem Land. Ich fühl mich zwar vom Staat fallen gelassen, aber gegen das Land und die Traditionen und Sitten hat doch niemand etwas. Deutschland ist mein Land«, sagt er und überlegt. »Teilweise zumindest.« Er winkt ab. »Ich bin gerne hier, ganz einfach. Ich würde sagen, dass ich ein kultivierter Kanake bin. Ich bin hier zur Schule gegangen, ich bin hier geboren in Deutschland, und ich mach deutschsprachige Musik. Ich hab viele deutsche Fans. Ich bin kein Deutscher, aber ich bin ein Teil von diesem Land, und ich bin hier schon mein ganzes Leben und fühl mich hier wohl.«

Und was ist, wenn man all diese Grenzen und Staatsangehörigkeiten mal außen vor lässt? Wenn man sich nicht an Themen wie Integration und Leitkultur aufhängt? Was ist er dann? Die Antwort fällt ihm wesentlich leichter als die ganzen Debatten über Heimat und Herkunft, die in Deutschland oft bis zum Erbrechen wiederholt werden:

»Ich bin AK aus Berlin-Wedding. Ich habe keinen Bock mehr, in den Knast zu wandern, keine Nerven mehr dafür und mich entschieden, einen anderen Weg zu gehen. Und dieser Weg ist die Musik. Ich bin unkontrollierbar – das bedeutet Ausserkontrolle.«

Olexesh
Drei in eins

Als sich vor etlichen Jahren die damals bereits etablierten Rap-Künstler Celo & Abdi mal wieder zum Stelldichein bei einem der damals noch relevanten Hip-Hop-Portale einfanden, wirkte auf den ersten Blick alles wie immer. In dem Videointerview blödelte Abdi rum und erzählte, dass er gerne bei *Gute Zeiten Schlechte Zeiten* mitspielen würde, Celo ließ sich über bosnische Essensspezialitäten aus, und die Interviewerin, die legendäre Visa Vie, hörte sich das Ganze wie immer höchst amüsiert an. Und während der ganzen abstrusen Geschichten und Anekdoten, die Deutschraps Sonny und Cher so vom Stapel ließen, ging der dritte Gast beinahe unter. Denn größtenteils still und leise saß auch ein weiterer Rapper auf der Eckbank des Frankfurter Frühstückscafés, das als Treffpunkt auserkoren worden war: Olexesh.

Der Rapper ukrainischer und weißrussischer Abstammung aus Darmstadt-Kranichstein hatte das Cap tief die Stirn gezogen und das Gesicht gesenkt, beinahe schamvoll. Ähnlich wie der legendäre US-Rapper Snoop Dogg in seinen ersten Musikvideos. Gegen den geübten Interview-Charme seiner beiden Label-Chefs kam Olexesh aber auch einfach nicht an. Der damals noch schüchterne Olexesh wollte lieber durch technisch versierten Rap und eine im Rap bisher eher schwach repräsentierte Community in Deutschland punkten. Und das gelang zu seiner eigenen Überraschung mehr oder weniger aus dem Stegreif.

Als der blasse Junge aus Darmstadts Plattensiedlung 2012 seine EP *Authentic Athletic* veröffentlichte, hielt die Szene kurz den Atem an. Denn der Name des Mixtapes war Programm: authentische Musik, die durch sportliche Reimtechniken bereits damals dezent am Thron der besten Sprachgesangsartisten Deutschlands kratzte. Mit dem Video zu seiner ersten Single aus der Debüt-Platte war der Hype dann nicht mehr wegzudiskutieren. Auf einem klapprigen Damenrad fährt der junge Olexesh darin durch die Hochhäuser seiner Stadt, performt mit seinen Freunden in den versifften Kellern der Siedlung und fragt dabei, passenderweise auf einem Sample-Beat der Westcoast-Koryphäe Snoop Dogg, immer wieder: »Was für Brooklyn?«

> *Was für Brooklyn? Schieß auf Cops*
> *Verteilte Blutspritzerz auf den Shox*
> *Kranichstein, wenn ihr das noch nicht kennt*
> *Die Straße mein Freund, Siskat represent*
> Olexesh, »Was für Brooklyn?«, 2012

Seine Camouflage-Anglerweste, die Jogginghose, einfach der ganze durch und durch, oft klischeehafte, slawische Look des Videos – alles daran war anders, neu und aufregend.

Deutscher Rap, schon immer auch dazu da, um Marginalisierte und Randgruppen ins Scheinwerferlicht zu rücken, hatte eine neue Nische. Auch wenn es natürlich vor ihm russischstämmige Künstler und Künstlerinnen in Deutschland gegeben hatte, brachte niemand den Style und die Attitüde so sehr auf die Karte wie Olex, der als Olexij Kossarew am 25. Februar 1988 im damals noch sowjetischen Kiew geboren wurde.

Mit sechs Jahren entschied seine Mutter, eine Ukrainerin, mit dem Jungen zusammen nach Deutschland zu gehen. Der

Vater, ein Weißrusse, war bereits vier Jahre zuvor in die USA ausgewandert. Die Beweggründe des Vaters blieben für den kleinen Jungen weitestgehend im Dunkeln, doch warum seine Mutter gemeinsam mit Olex das Land verlassen wollte, das ist ihm klar: »Meine Mutter hat sich einfach für eine bessere Zukunft entschieden. Für mich und für sie. Außerdem war klar, dass ich irgendwann in die Armee muss, wenn wir bleiben. Das wollte sie nicht. Mein Vater ist schon sehr früh nach Los Angeles, und ich und meine Mutter sind nach Deutschland. Das war, glaub ich, so 93/94.«

Es ist schwer, sich auf seine Worte zu konzentrieren, seine auffällige Versace-Jacke saugt beinahe meine gesamte Aufmerksamkeit auf. Wie er hier so steht, vor der russisch-orthodoxen Kathedrale der heiligen Maria Magdalena in Darmstadt, könnte man beinahe denken, er sei Teil der prachtvollen Fassade. Kirche und Rapper: Alles glänzt in Gold. Aber dann haben seine Worte wieder meine volle Aufmerksamkeit: »Damals gab es ja direkt einen unbefristeten Aufenthaltsstatus als Ukrainer, auch in Deutschland. Heutzutage ist es anders, jetzt musst du alles beantragen, und es wird dir dann genehmigt oder nicht genehmigt, je nachdem. Aber wir hatten damals Glück.« Bevor es nach Darmstadt ging, landete das Mutter-Sohn-Duo jedoch erst mal in einer anderen Stadt, die ihm auch heute wieder als (zumindest musikalische) Heimat dient: Frankfurt am Main.

»Das war ein Vorort von Frankfurt. Kelkheim im Taunus. Da saßen wir dann in irgend so einem Amt auf dem Flur, wahrscheinlich die Ausländerbehörde. Das ist meine erste Erinnerung.« Ein erster Eindruck, den viele Kinder mit Einwanderer-Eltern teilen. »Es hat die ganze Zeit geregnet, es war grau, und ich war richtig dick eingepackt, in eine fette Jacke, so eine selbst gestrickte Wollmütze von meiner Oma, so richtig frisch aus Russland, aus der Ukraine.« Zuallererst kamen er und seine Mutter in ein Asylantenheim.

Für Olex, der in der Ukraine hauptsächlich blonde Ukrainer kannte, ein positiver Schock. »Da gab's plötzlich Araber, Marokkaner, Türken, Pakistaner, Afghanen, alle möglichen Hautfarben. Ich wollte natürlich mit denen spielen, ich war ja selber Ausländer, aber trotzdem hatte ich so was noch nie in meinem Leben gesehen. Ich war wie Robinson Crusoe – gestrandet in Deutschland. Das war die erste Erfahrung, ich musste lernen, mit allen möglichen Arten von Menschen klarzukommen.«

Nach Deutschland reisen zu müssen, um das erste Mal einen Menschen aus Pakistan zu sehen, diese Geschichte hört man auch nicht alle Tage. Aber nicht nur die Vielfalt der Bewohner hat sich eingeprägt, dem jungen Olexesh fiel, einmal aus dem Asylantenheim raus, etwas anderes direkt auf: »Die Sauberkeit! Es war alles so ordentlich. Man hat das direkt gesehen. Die Ampeln, die Straßen, alles hatte ein System. Die Häuser waren einfach schöner gebaut.« Die Zeit im Taunus erscheint ihm heute, als wäre er auf einem idyllischen Abenteuerspielplatz gewesen. »Das war alles ganz klein da. Gegenüber von meinem Fenster gab es einfach einen Pferdestall, da waren echte Pferde drin. Ich fand das richtig lustig, ich kannte so was nicht. Wer hätte schon gedacht, dass mal ein krasser Straßenrapper aus mir wird, damals, als ich in dieser Scheune spielte.«

Er erzählt von dieser Zeit, als wäre sie weit weg und dennoch präsent. Für ihn war es damals, als würde er durch eine imaginäre Tür treten:

El mi mejor, Salvador, anvisiert den Matador
Ich hab nur ein Ziel vor Augen:
Please open the door
Olexesh, »Masta«, 2015

Und es scheint, dass er inzwischen durch eine weitere Tür getreten ist, eine, die ihn in die Erwachsenenwelt geführt hat. Eine Welt, die aus Business und der Musikindustrie besteht, aus Goldketten und den Raten für Mamas Haus. Aber die Erinnerung lebt dennoch weiter. »Ich hab damals gemerkt, das hier ist meine Zukunft. Man weiß nicht, wohin es gehen wird, man ist ja noch klein. Mir war damals wichtig, dass ich irgendwelche Spiele bekomme. Aber ich hatte dieses Gefühl: Es hat die ganze Zeit geregnet, und jetzt geht die Sonne auf.« Aber wie wurde aus dem Kind, das begeistert zwischen Heu und Pferden herumrannte, jemand, der den Kids heute in genau diesen wohlbehüteten Gegenden die verwegene und prekäre Ghetto-Ästhetik bietet, nach der sie so oft gieren?

Ganz einfach, die Familie zog nach Darmstadt-Kranichstein, der idealen Kulisse für einen Straßenrapper. Denn ohne der Stadt zu nahe treten zu wollen, kann man doch nicht sagen, dass sie durch Schönheit besticht. Generell sucht man vergebens nach den großen Geschichten, die Darmstadt repräsentieren. Es gibt einen Fußballverein, ein paar Theater und Museen, die Mathildenhöhe und das Residenzschloss. Und das war's eigentlich.

Sucht man bei Google nach den bekanntesten Söhnen und Töchtern der Stadt, dann erfährt man, dass der Chemiker Justus von Liebig oder der Schauspieler Karl-Heinz Böhm von hier stammen. Ansonsten ist es größtenteils ruhig in Darmstadt. Vielleicht nicht der erste Ort, den man sich auf einer Weltkarte aussuchen würde. »Das war mal wieder was ganz Neues. Ich kam ja quasi vom Dorf. Jetzt gab es plötzlich Hochhaussiedlungen und noch mehr Ausländer. Nicht nur die paar aus dem Asylantenheim. Da war alles voll. Das war 'ne ganz andere Stufe, da gab es auch welche, die wollten dich einfach nur abrippen.«

Erneut muss er sich umgewöhnen, muss er lernen, mit einer

neuen Welt klarzukommen, sich durchzusetzen. »Da gab es schon ein paar gute Jungs, aber die Mehrheit …«, er schmunzelt und überlegt, wie er sich ausdrücken soll. »Da waren einfach ein paar richtig miese Kanaks unterwegs.« Mit der neuen Heimat kam auch eine neue Schule. Für Olexesh eine zwiespältige Erfahrung. Er erinnert sich, dass es auch eine durchaus lustige Zeit war. Klar, mit seinen Freunden auf dem Pausenhof rumkaspern und all die Erfahrungen machen, die während der Pubertät so anstehen – das kann amüsant sein. Aber rückblickend betrachtet, war es eine Verschwendung und vor allem Unterforderung seiner geistigen Fähigkeiten, vor allem da Olexesh bald auf eine Sonderschule kam. »Mir war schon klar, ich gehör hier eigentlich nicht hin. Ich bin ja kein dummer Junge. Wenn ich will, dann kann ich schon schlau sein. Mir war klar, dass ich auf eine bessere Schule müsste. Aber ich bin dort gelandet, weil ich mich nie angestrengt hab.«

Wer sich Olexeshs Texte heute anschaut, wer sieht, mit welchem unglaublichen Arbeitsaufwand er Album nach Album raushaut, oftmals mit mehr als 30 Songs pro Platte, der kann sich nicht vorstellen, dass dieser Junge einst auf einer Förderschule seine Zeit absaß. Es ist mehr als deutlich, dass er, wie viele andere Kinder, einfach nur unterfordert war. Dass ihm niemand etwas zeigen konnte, für das er sich begeisterte.

Aber Olex ist ziemlich selbstkritisch, wenn es um diese Phase seines Lebens geht: »Ich hab mir das selber eingebrockt. Und ich wurde dann auch schnell so wie die anderen Schüler und Schülerinnen. Mir war schnell alles egal. Aber irgendwie hab ich dann trotzdem noch meinen Abschluss dort gemacht. Ich dachte mir, wenn ich meinen Abschluss nicht mal hier schaffe, dann bin ich ja vollkommen bescheuert.« Nach dem erweiterten Hauptschulabschluss wechselt er auf eine Berufsschule. Er beginnt Drucktechnik und Mediengestaltung zu lernen, aber Begeisterung entfacht der Unterricht auch hier nicht in ihm.

»Ich war da vielleicht ein Jahr. Aber dann bin ich einfach nicht mehr hingegangen. Oft war ich bis spätabends unterwegs, und wenn morgens der Wecker geklingelt hat, bin ich aufgestanden, losgelaufen und hab draußen auf irgendeiner Parkbank geschlafen.« Später wird er in seiner Musik ironisch auf die Schulbank-Zeiten blicken und lacht, als er daran zurückdenkt:

Diese Rap-Art ist nicht so einfach
Ich hoff du weißt das, ich schreib im Dreisatz
Olexesh, »Halt den Ball flach«, 2015

»Um dreizehn Uhr hat dann noch mal der Wecker geklingelt, und dann bin ich von der Parkbank wieder nach Hause zu meiner Mutter. Dann hat sie gefragt, wie die Schule so war, und ich meinte: *Super, richtig gut.* Unterschriften und so Zeugs hab ich einfach gefälscht. Wenn ich dann doch mal eine Arbeit schreiben musste, wusste ich meistens nur meinen Namen und das Datum. Und manchmal nicht mal das. Ich hatte einfach eine komplett dumme Einstellung zum Lernen.«

Aber schon damals beginnt er, nebenbei Texte zu schreiben. Manchmal gibt es was hinter die Löffel, weil er sich zu Hause stundenlang mit dem gleichen Beat ins Zimmer setzt und Reime sucht, statt sich um die Hausaufgaben zu kümmern. Aber trotz seiner Versuche, es irgendwie in der »normalen Arbeitswelt« zu schaffen, kommt es, wie es in solchen Fällen oft kommt: Er muss zum Jobcenter, um seinen Lebensunterhalt zu sichern. Für die meisten wäre das wahrscheinlich ein Tiefpunkt in ihrem Leben, aber für Olexesh war es die lang ersehnte Chance. »Ich dacht mir nicht: *Scheiße, ich bin jetzt voll der Penner*, sondern mir war sofort klar: *Geil, ich hab essen, meine Miete und muss nichts arbeiten. Jetzt schreibe ich mein Album.* Mir war schon klar, dass das nur kurz geht, ich wollte da auch wieder raus. Aber erst mal war es total gut für mich, weil ich mich endlich um meine Musik kümmern konnte.«

In nächtelanger Arbeit entstehen die ersten Songs, und schon bald kratzt er 80 Euro zusammen und bezahlt damit einen Freund, der ihm ein Video zu seinem ersten Track dreht: »Super 6«. Er veröffentlicht das Video auf seiner eigenen Facebook-Seite – und erntet ganze elf Likes. Eine magere Ausbeute, möchte man meinen, aber unter diesen elf Menschen ist der Richtige: Celo, der aktuell gemeinsam mit Abdi zu den gehyptesten Rappern des Landes zählt und gerade dabei ist, ein eigenes Label zu etablieren.

»Plötzlich hab ich so eine Mail gesehen, von Celo. Ich bin total ausgeflippt: *Boah, guck mal, meinst du, das ist der wirklich?* und so.« Auf der anderen Seite zweifelt er nach wie vor an sich. Als ihn ein Vermittler anruft, um ihm zu sagen, dass »sein Rapperleben jetzt beginnt«, ist er zurückhaltend. So schnell soll das alles funktionieren? Alles, was er sich erträumt hat? Er bleibt lieber erst mal auf dem Boden der Tatsachen, denn seine Realität besteht aktuell noch aus Hartz IV und Aufnahmen im Wohnzimmer eines Kumpels.

»Ich wusste aber immer, ich muss es schaffen! Ein bisschen rappen und dann nach vier Jahren sagen: *Na ja, hat nicht geklappt,* das war keine Option. Ich wollte das unbedingt. Eines Tages rief meine Sachbearbeiterin aus dem Jobcenter an, die wollte wissen, wie es weitergeht. Hat mir erzählt, dass ich jeden Monat fünf Bewerbungen abschicken muss und so weiter. Ich hab versucht, ihr zu erklären, dass ich Texte schreibe und es Stück für Stück vorangeht. Aber das hat die nicht verstanden so richtig. Dann meinte ich irgendwann einfach, sie soll mit meinem Manager sprechen, der erklärt ihr das schon.«

Ob die Sachbearbeiterin sich an den Jungen erinnert, der sie bat, mit seinem Manager zu sprechen, ist nicht klar. Aber spätestens als Olexesh vor wenigen Jahren ein Feature mit der Schlagerkönigin Vanessa Mai veröffentlichte und sich mit seinem Hit »Magisch« über 33 Wochen in den Charts hielt und dort die Spitze erklomm, könnte sie mitbekommen haben, dass aus Olexij Kossarew ein Star geworden ist. Dank seines Talents, dank seines Ehrgeizes und auch dank Celo & Abdi, die sofort erkannten, was für ein Potenzial in Olexesh steckte.

Während er von seiner Begeisterung für die beiden Frankfurter Rapper erzählt, erinnere ich mich an meine eigene Erfahrung mit dem Jobcenter. Irgendwann in meinen Zwanzigern, als ich bereits zwei relevante Preise und mehrere Theaterpremieren eingesackt hatte, sah ich mich mit einer unangenehmen Durststrecke konfrontiert und fand mich ebenfalls im Büro einer solchen Sachbearbeiterin wieder. Pflichtbewusst hatte ich meinen Lebenslauf dabei und erklärte ihr, dass es lediglich um ein paar Monate ginge, dann würde sicher der nächste Auftrag eintrudeln. Aber auch sie verstand nicht, was ich da eigentlich tat. »Und was machen Sie jetzt genau?«, fragte sie über ihren Brillenrand hinweg, und ich antwortete etwas kleinlaut: »Schreiben.« Nachdem sie den Lebenslauf überflogen hatte, schob sie ihn mir zurück über den Tisch. »Das hier brauch ich nicht. Ist ja wirklich schön, dass Sie ein Hobby haben, aber bei uns geht es darum, einen Beruf für Sie zu finden.« Deutschland, deine Ämter. Hier materialisiert sich die Vorstellung, dass »jeder es schaffen kann«, dass Fleiß zum Erfolg führt:

Mama wein nicht, ich bin 30,
gut erfolgreich, ich bin fleißig
Geld macht sich nicht von allein, du weißt es,
ich bin groß und zeig es
Capital Bra feat. Olexesh,
»Zu viel, zu wenig«, 2017

Wir sind mittlerweile im Studio angekommen. Das Equipment hat nichts mehr zu tun mit den alten 8-Spur-Geräten in den Kinderzimmern seiner Kumpel, alles hier ist High-End. Genauso wie die Produktionen des Nummer-eins-Rappers selbst. Mittlerweile hat er fünf Alben und mehrere Mixtapes veröffentlicht, goldene Schallplatten zieren die Wände. Wie kam es, dass sich ein Auswanderer-Kind von der Sonderschule die deutsche Sprache als Instrument aussuchte und zu einem der erfolgreichsten Wortakrobaten des Landes wurde? »Es gab ja keine Alternative«, sagt er, während er sich einen Controller schnappt und die Playstation anwirft. »Ich war eben gezwungen, auf dieser Sprache zu rappen. Wenn ich rappen wollte, dann musste ich das auf Deutsch tun, ich gehöre schließlich hierher, und für mich kommt auch gar keine andere Sprache infrage. Außer Englisch vielleicht, da war ich immer gut drin. Ich hatte eine Zeit lang sogar eine Eins in Englisch. Ich hab früher auch viel Public Enemy und so was gehört, da kam das automatisch. Aber mit Deutschrap bin ich eben aufgewachsen.«

In Zukunft wird es viele Kinder geben, die mit dieser Musik aufwachsen. Und es wird Eltern geben, die mit dieser Musik aufgewachsen sind. Die verzweifelten Versuche des Bürgertums, Rap als temporäre Phase oder Modetrend abzutun, sind irrelevant. Deutschrap ist gekommen, um zu bleiben, und das seit mittlerweile 30 Jahren. »Das kam ja alles damals direkt in mein Ohr, klar. Zuerst hat mir mal jemand Deichkind gezeigt, aber dann hab ich schnell Azad und Savas gehört, das Rödelheim Hartreim Projekt, Moses Pelham, so ein Zeug halt. Ich war ja ein kleines Kind, das hat mich alles total interessiert – bis heute. Es ist die Sprache, die ich so schätze an dieser Musik. Ich find die verschiedenen Flows geil, die man entwickeln kann, Reimtechniken, all so was. Und all die Produzenten und Beatmaker, mit denen man arbeitet, und plötzlich entsteht da so ein ganzes Projekt. Das ist es, was für mich zählt im Rap.«

Ober er auch Rapper geworden wäre, wenn er in der Ukraine leben würde, weiß er nicht. »Vielleicht wäre ich auch was ganz anderes geworden, wie soll man das sagen?« »Hätte, hätte, Fahrradkette«, denke ich mir, aber dann wird er kurz ernst: »Vielleicht wär alles anders gekommen.« Er überlegt. »Wenn ich zum Beispiel einen Vater gehabt hätte.« Das sitzt. Da könnte man jetzt nachbohren, aber das blockt er ab.

Also geht es weiter mit einem amüsanteren Thema, das bei beinahe jedem Interview bisher für lustige Anekdoten gesorgt hat. Was ist für ihn typisch deutsch? Zack, funktioniert. Er muss laut lachen. »Klare Sache, wenn mich jemand verbessert. Mein Stiefbruder macht das immer. Ich erzähl irgendwas, und dann grätscht er rein und sagt: *Nee, das heißt aber so und so.* Das ist für mich typisch deutsch. Da kommt dann der Deutsche raus, auch in meinem Bruder. Wobei, er ist ja auch Deutscher. Wahrscheinlich macht das jeder mit dir, wenn du in seinem Land bist. Auch ein Marokkaner oder ein Türke. Aber wegen meines Bruders ist das für mich typisch deutsch.«

Wenn sein Bruder Deutscher ist, als was sieht er sich dann? »Ich bin so drei in eins auf jeden Fall.« Ich will ihm gerade sagen, dass man so etwas Hybrid nennt, wie ich es von Celo gelernt habe, beiße mir aber rechtzeitig auf die Zunge. Erstens ist das auch nicht komplett richtig, und zweitens will ich ihn nicht verbessern, es reicht, wenn sein Bruder das macht. »Ich sehe mich als Russen, weil mein Vater Weißrusse ist. Ich seh mich als Ukrainer, weil meine Mutter daher stammt. Und ich bin Deutscher, weil ich hier aufgewachsen bin und die Leute mich hier gut empfangen haben, schon seit dem Kindergarten. Ich bin bestimmt so sechzig bis siebzig Prozent Deutscher jetzt. Ich spreche die deutsche Sprache, ich verdien mein Geld mit ihr. Ich kann auch Russisch sprechen, gar kein Problem, ich hab sogar den Slang drauf. Aber ich brauche es nicht unbedingt. Also, wie gesagt. Ich bin drei in eins.«

Yonii

*Ich wollte mal fragen,
was bedeutet Migrant?*

Das erste Mal, dass mir Yasin El Harrouk, genannt Yonii, auffiel, war in den Instagram-Storys des Rappers Bonez MC, Kopf der derzeit alles dominierenden 187 Strassenbande. Zwischen den kurzen Clips von durchdrehenden Reifen, Stripclubs und Alkoholgelagen auf St. Pauli tauchte immer öfter das Gesicht eines Mannes auf, der vor allem durch seine Imitationen zu unterhalten wusste. Ein ums andere Mal schwenkte die Kamera auf den jungen Mann, der mit der Stimme eines typischen Westernhelden der 60er-Jahre mit einem imaginären »Johnny« sprach. Es wirkte, als wäre er der Synchronsprecher sämtlicher harten Hunde der letzten hundert Jahre, vereint in einer Person.

Eine kurze Google-Suche brachte ein mittlerweile sechs Jahre altes Video zum Vorschein, auf dem der gleiche Mann morgens um fünf Uhr in einer Stuttgarter U-Bahn sitzt und mehrere Minuten am Stück freestylt. Dabei singt und rappt er, erfindet währenddessen den Text und erzeugt mit seinen Handinnenflächen und Knöcheln einen Beat, den manche Produzenten nicht mal mit dem neuesten Equipment zustande bringen würden. Spätestens da war mein Interesse geweckt.

Wer ist der Typ? Was macht er? Und wieso hat er so viele Talente? »Von Beruf bin ich Schauspieler, Sänger und Künstler«, antwortet er, als wir uns vor der imposanten Kulisse des Stuttgarter Staatstheaters treffen. Das erklärt natürlich wenigstens in Teilen, warum der Mann, der es vermag, seine Gesichtszüge in wenigen Sekunden von himmelhoch jauchzend in zu Tode betrübt zu wechseln, so vielseitig begabt sein könnte. Aber nur weil man einen Beruf wählt, heißt es ja noch nicht, dass man in diesem glänzt. Es gibt viele Menschen, die einen Beruf ausüben, ohne ihn sonderlich gut zu beherrschen. Und es gibt welche, die mit ihren Inselbegabungen von sich reden machen. Doch die Besonderheit im Fall Yonii liegt woanders: Es fällt schwer zu sagen, was er am besten kann.

Als Theaterdarsteller spielte er unter anderem am Schauspielhaus Stuttgart und am Badischen Staatstheater Karlsruhe; als Filmschauspieler bekam er kurz nach seinem Abschluss an der Stuttgarter Schauspielschule im Jahr 2015 den Günter-Strack-Fernsehpreis für seine Rolle im München-Tatort *Der Wüstensohn*. Damals war er gerade einmal 24 Jahre alt. Und dann war er unter anderem auch noch in der Netflix-Serie *Dogs of Berlin* zu bewundern. Klingt eigentlich, als wenn der Weg geebnet gewesen wäre.

Aber Yonii reichte das offenbar nicht. Denn zwischendurch startete er auch als Musiker durch und wurde vom renommierten Label Kopfticker gesignt, zu der Zeit unter der Leitung von Rap-Eminenz Xatar. Seine Musikvideos auf YouTube weisen Klickzahlen zwischen fünf und zehn Millionen auf. Daneben spricht er diverse Sprachen und ist generell ein Hansdampf in allen medialen Gassen. Und eine im Rap-Game gern besungene Aufsteigerstory:

> *Es fing an zwischen Müll und Plastik*
> *Sie kenn'n mich, aber haten, seit die Roli echt ist*
> *Die Hälfte von dem Umsatz geht sofort an Mama*
> *Mit der andren Hälfte direkt halbes Jahr nach Marrak*
> **Yonii, »Aruba«, 2019**

Aber trotz des augenscheinlichen Erfolgs, vielleicht müssen wir etwas früher anfangen, um zu ergründen, wie aus Yasin der Mensch wurde, der er heute ist.

Die Eckdaten lesen sich unspektakulär: 1991 in Stuttgart-Feuerbach geboren, mit sechs Geschwistern aufgewachsen, die Eltern Gastarbeiter. Eine Geschichte von vielen. »Ich bin gebürtiger Schwabe mit marokkanischen Wurzeln«, erzählt er und schwäbelt dabei ganz bewusst etwas zu stark. Sein Vater, der in Marokko mit Honig gefüllte Erdnüsse verkaufte, kam als Gastarbeiter für einen Autobauer nach Deutschland. Er kam zuerst als Besuch, dann schließlich für immer und heiratete schon bald Yoniis Mutter. Ein Job, eine Familie, vielleicht mal ein Haus – der Klassiker, möchte man meinen. Doch Yasins Vater war nicht bereit, die Kinder mit den üblichen Widersprüchlichkeiten aufwachsen zu lassen. Während in vielen anderen Familien zu Hause arabisch gesprochen wurde und draußen deutsch, sich die Heranwachsenden zwischen den Kulturen hin- und hergerissen fühlten, zwischen den Sprachen switchten und nicht genau wussten, wo sie eigentlich hingehörten, verfolgte sein Vater eine ganz andere Linie, berichtet Yonii.

Richtig, denke ich mir, dort wurde zu Hause wahrscheinlich nur deutsch gesprochen, das erklärt auch seine akzentfreie Ausdrucksweise. Aber Pustekuchen. »Mein Vater hat auch während unserer Kindheit sehr viel Wert darauf gelegt, dass wir korrektes Arabisch lernen. Deswegen haben wir immer mal wieder in Marokko gelebt. Ich glaub drei, vier Jahre. Zwischen zwei Welten.« Geschadet zu haben scheint ihm das nicht, warum auch. Ganz im Gegenteil. »Die längste Zeit in Marokko war ungefähr von neun bis elf. Das war eine unglaublich schöne Zeit, eine sehr intensive Zeit. Da haben wir auch alles erlebt, was man eben so erlebt in einem Dritte-Welt-Land. Denn das ist es ja ehrlicherweise. Marokko ist super, ist ein wunderbares Land – wenn man Geld hat.«

Doch an Geld mangelte es der Familie. »Ich habe in Marokko zwei Familien. Eine Familie, die sehr reich ist. Mit der haben wir wenig Kontakt.« Er verzieht das Gesicht. »Mit der ärmeren Familie haben wir mehr Kontakt.« Er zuckt grinsend mit den Schultern. »Das heißt, in unserer Jugend oder Kindheit hatten wir nicht so viel Geld. Das war ein Auf und Ab. Wir haben dort teilweise auch in Baracken gelebt.« Klingt nicht nach dem Idyll, das man angeblich braucht, um sich perfekt zu entwickeln, aber Yonii sieht das etwas anders: »Klar, die Kindheit dort war ein bisschen schwieriger als in Deutschland, wo wir anfangs zur Schule gegangen sind. In Marokko war es härter, da gab's auch mal Schläge. Deswegen bin ich auch irgendwann einfach nicht mehr in die Schule gegangen. Eine Zeit lang haben wir dann auch auf der Straße gelebt. Ich glaube, man kann sagen, ich hab da viel erlebt.«

Er erzählt von dieser Zeit, als würde er von seinem Mittagessen berichten, als ginge es darum, ob er Eiscreme oder Pudding zum Nachtisch wählt. Während wir uns vom Staatstheater zum Schicksalsbrunnen bewegen, wird er nachdenklich. »Jetzt im Nachhinein, so nach vier Jahren Schauspielstudium, find ich es richtig gut von meinem Vater, dass er uns nach Marokko geschickt hat. Durch die Jahre dort konnte ich mich in die marokkanische Kultur und Tradition hineinversetzen. Ihm ging es auch viel um Tradition, klar, aber hauptsächlich ging es ihm um die Sprache. Dass wir das lernen. Dass wir auch das Leben dort zu schätzen lernen. In Deutschland hatten wir alles. Im Kindergarten wurden wir von allen gelobt und geliebt. Hier ein Danone-Joghurt, da ein Nutella-Brot.« Klingt eigentlich nach einer Welt, die sich Eltern für ihre Kinder wünschen, aber seine Eltern hatten etwas anderes vor.

»In Marokko gab's das nicht. In Marokko gab's Wasser und das Essen von vorgestern. Meine Eltern sind nicht fanatisch oder so, aber ihnen war es einfach wichtig, dass wir gläubig sind, dass wir an etwas glauben und dadurch handeln. Und im Nachhinein finde ich das richtig so. Ich bin meinem Vater dankbar.« Er schaut auf das Theater in seinem Rücken. »Und nach den vier Jahren Schauspielschule in Deutschland kannte ich auch das deutsche Leben, konnte einfach deutsch sein. Ich konnte lernen, wie ein Deutscher über Sachen denkt.«

Was für viele nach der ultimativen Zerrissenheit klingt, ist für Yonii offenbar das genaue Gegenteil. Er kann beide Seiten bedienen, ohne Probleme. Und zwar im wahrsten Sinne des Wortes: »Erst hab ich lange einen marokkanischen Pass gehabt, inzwischen hab ich einen deutschen Pass. Das führt natürlich zu weniger Problemen, mit der Polizei zum Beispiel.« Aber seine Allzweckwaffe gegen die dauernden Kontrollen, die Menschen mit schwarzen Haaren und braunen Augen in Deutschland immer noch oft über sich ergehen lassen müssen, ist nicht der Pass. Es ist die Sprache. »Immer wenn die mich anhalten, lasse ich halt den Schwaben raus. Dann schwätz ich einfach schwäbisch. Und dann isch die Sach sofort geklärt. Das war schon immer meine Taktik, egal mit welchem Pass. Immer schön schwäbisch schwätza.«

Zumindest meistens. Denn erstens liebt er die Improvisation in sämtlichen Bereichen seines Lebens, und zweitens steckt eben ein Schauspieler in ihm. »Ich werde oft angehalten und hab dann auch mal so einen Test gemacht. Ich hab wie so ein typischer Flüchtling geredet, der seit ein paar Tagen in Deutschland ist: *Entschuldigung Sie, helfen bitte.* Da wurde ich gleich ganz anders behandelt, als wenn ich da stehe und sage: *Hallo, schönen guten Tag, was isch vorgefalla, wie kann i Ihnen weiterhelfa, wollet Sie meinen Ausweis, biddeschön, also. Schönen Tag noch.*« Er lacht schallend, und man kann sich das Gesicht der Polizisten vorstellen, wenn der vermeintlich Geflüchtete mit den Sprachproblemen bei der »ganz zufälligen Routinekontrolle« plötzlich in einen Stuttgarter Dialekt verfällt.

Wieder in Deutschland, kommt Yasin auf die Hauptschule. Keine idealen Voraussetzungen. Als er die Schule beendet hat, wartet auf ihn eine Welt, die man, wenn nicht durch eigene Erfahrungen, spätestens seit Serien wie *Dogs of Berlin* mittlerweile zur Genüge kennt. »Du musst dir vorstellen, du kommst aus der Hauptschule raus mit einem schlechten Durchschnitt. Und dann gleich unter all die Jungs, viele davon ebenfalls Ausländer, viele ohne Schulabschluss oder Plan. Da wird man schnell abhängig von irgendwelchen Drogen oder so.«

Es ist die Langeweile und die gefühlte Zukunftslosigkeit, es sind die immer gleichen Geschichten von jungen Männern und Frauen, die sich in ein Leben abseits der Norm stürzen, wenn ihnen niemand die Chance bietet, etwas für sich zu entdecken. Warum also sitzt Yonii heute nicht den ganzen Tag mit seinen Kumpels auf irgendeiner Parkbank und kifft? »Durchs Zeitunglesen. Es gab so einen älteren Mann, der hat bei uns in der Gegend gewohnt, und der hat viel Zeitung gelesen. Den ganzen Tag lang. Und den habe ich immer beobachtet. Dann gab es einen Streit in der Familie. Zwischen mir und meiner Mutter. Egal, auf jeden Fall hab ich dann einen Job gesucht. Ich dachte mir: *Leute lesen Zeitung, also verteile ich Zeitungen.* Das war so ein typischer 450-Euro-Job. Ein paar Wochen ging das so, und dann hab ich eines Tages in der Zeitung eine Annonce gesehen: *Theaterinszenierung: ›Wut‹. Migranten gesucht.* Ich bin nicht über die Theaterinszenierung gestolpert, mich hat dieses Wort *Migranten,* interessiert. Also habe ich dort angerufen und hab mit meinem schlechten Deutsch gesagt: *Hallo, ich wollte mal fragen, was bedeutet ›Migrant‹?* Die Frau am Telefon hat schallend gelacht und meinte: *Migrant bedeutet Ausländer.* Na Jackpot, das bin ich. Also hab ich ihr gesagt, dass hier was von Casting und Theater steht, ob ich zum Vorsprechen kommen kann. Durfte ich dann auch.«

Es fällt schwer, ihm zu folgen, bei dieser Fülle an wahnwitzigen Informationen und Geschichten, die er wie nebenbei raushaut, während wir durch den Stuttgarter Schlossgarten laufen.

»Also bin ich ein paar Tage später ins Staatstheater reinmarschiert, hab einen Text in die Hand gedrückt bekommen, den Text vorgelesen und wurde direkt genommen. Das Stück hieß wie gesagt *Wut,* und da gab es dann einen Chor, der aus fünfzehn Ausländern bestand. Einige der Texte kamen von uns. Und bei der Premiere kam dann die Dramaturgin zu mir und hat gefragt, ob ich Bock hab, weiterhin Theater zu machen.« Und auch wenn das Zeitungen-Austragen und Lesen ihm auf eine bestimmte Art und Weise Spaß bereiteten, musste er nicht lange überlegen.

Ein bis zwei Jahre nebenbei am Theater spielen, dass seine Mutter beruhigt ist, und dann irgendwas anderes machen, so stellte er sich das vor. Aber falsch gedacht: »Doch dann hab ich plötzlich gecheckt, da ging es um eine Bewerbung an der Staatlichen Hochschule für Musik und Darstellende Kunst. Also meinte ich zu der Dramaturgin: *Ist nett gemeint, aber ich hab nur 'nen Hauptschulabschluss. Keine Chance.*«

Es gibt Fälle, in denen dies der Schlusspunkt einer solchen Geschichte ist. In denen sich das Gegenüber achselzuckend umdreht und die Hände in den Schoß legt. Aber die Dramaturgin setzt sich für ihn ein. »Sie sagte, ich soll einfach mal ein paar Texte lernen, es gibt da auch eine Begabtenprüfung. Wir würden das schon irgendwie hinkriegen. Also habe ich einfach meinen Text gelernt, Klamotten von meiner Mutter angezogen und bin zum Vorsprechen gegangen. Ich glaube, von siebenhundert bis achthundert Bewerbern kommen fünfzig weiter. Von fünfzig dann achtzehn, und von achtzehn blieben nur noch acht: vier Jungs, vier Mädels. Und diese acht Leute studieren dann vier Jahre Schauspiel.« Er grinst. »Was soll ich sagen? Ich war einer von den acht.«

Um es auf diese Ebene zu schaffen, kann man natürlich viel

üben. Man kann sich in die Theorie einlesen, kann sich Vorbilder suchen. Oder man hat einfach ein angeborenes Talent, so wie Yonii. Was glaubt er selbst, wieso konnte er so viel Menschen auf Anhieb von sich überzeugen? »Ich denke, es war meine Naivität. Oder einfach, dass ich schon immer so ein Tollpatsch war. Ich habe immer schon die Familie unterhalten, und ich wusste, ich werde bestimmt, zu 100 Prozent, irgendwas in diese Richtung machen. Ich bin da mit einem ganz natürlichen Gefühl hingegangen, wollte die einfach unterhalten. Und dann hat es wohl gepasst. Irgendwie war es cool. Da haben sie mich genommen. Ich habe acht Semester Schauspiel studiert. Danach habe ich mich erstmals in Deutschland so richtig zu Hause gefühlt.«

Ob das mit der Akzeptanz seiner Umwelt zu tun hat oder mit dem Gefühl, etwas geschafft zu haben, kann er heute nicht mehr so genau sagen. Aber wahrscheinlich ist von beidem ein wenig dabei. »Du musst dir vorstellen, du kommst mit siebzehn Jahren, im Endeffekt frisch aus Marokko, auf eine deutsche Schauspielschule. Und dann lernst du erst einmal Literatur, Dramaturgie, Fechten, Akrobatik. Was bedeutet Theaterpolitik. Du beschäftigst dich plötzlich mit ganz anderen Sachen. Ich konnte irgendwann mit ein paar Freunden von mir nicht mehr abhängen, weil ich einfach sehr jung an sehr viel Wissen kam.« Die meisten Jugendlichen kennen dieses Gefühl, wenn man sich über die Jahre weiterentwickelt und manche Freunde stehen bleiben. Aber bei Yonii geschah dies alles im Zeitraffer. »Ich habe mich plötzlich für ganz andere Sachen interessiert. Bücher gelesen, sehr viele Bücher gelesen. Meine Schwester hat Abi gemacht, und ich meinte damals schon immer, ich werde vor ihr studieren. Und das war auch wirklich so. Am Ende hab ich meiner Schwester beim Abi geholfen. Irgendwann habe ich ihr erklärt, wer in ihren Analysen der Protagonist ist und wer der Antagonist, wer das ist und warum der sich jetzt so benommen hat. Das war ein schönes Gefühl, so gebraucht zu werden.« Auf diese Erkenntnis lässt sich wahrscheinlich das ganze Leben herunterbrechen. Es ist ein schönes Gefühl, gebraucht zu werden. Gerade von der eigenen Familie:

> *Mein kleiner Bruder fragt mich nach Rat*
> *Ich sag: »Hab Geduld, nimm dir Zeit«*
> *Tu etwas und lieb es*
> *Glaub dran, mach weiter und du kriegst es*
> Yonii, »Milano«, 2019

Und gebraucht wird er bis heute. Zu seinem Leidwesen jedoch auch oft für Rollen, die er etwas über hat. »Im Film ist es sehr schwierig. Da spielt man meistens die Klischeerollen. Man muss halt gucken, dass man aus diesen Nullachtfünfzehn-Stereotypen, die man spielen muss, mehr rausholt. Einfach mehr Facetten zeigt als Schauspieler. Wenn ich jetzt dastehe und sage: *Ich werd immer in eine Schublade geschoben,* dann gibt's ja gar nichts zum Drehen für mich. Lieber eine Schublade und in der Schublade facettenreicher werden als keine Schublade.« Ein Facettenreichtum, der Yonii definiert, egal ob auf der Leinwand oder bei Netflix:

> *Mein Leben ein Movie*
> *Cover-Foto Apple Music*
> *Boxe mich durch, so wie Bruce Lee*
> *Von Netflix ins Kino auf Fullscreen*
> Yonii, »Randale«, 2019

»Im Theater ist es ein bisschen anders. Im Theater war es auch so, dass ich Rollen gespielt habe, die jetzt nicht typisch migrantisch besetzt sind. Und wenn ich ausländisch wirkende Rollen gespielt habe, wie zum Beispiel Othello von Shakespeare, dann habe ich auch mal einen arabischen Klageruf mit eingebaut, der dann die Rolle vielschichtiger gemacht hat. Ich versuche, den Rollen mein Gesicht zu geben. Das sind Kleinigkeiten, aber die haben eine Wirkung.« Und diese Wirkung darf man nicht unterschätzen. Denn was bedeutet es für einen marokkanischen Jungen im Jahr 2020, wenn die Menschen, die wie er und seine Familie aussehen, im Fernsehen oder im Kino immer nur Kriminelle und Terroristen spielen? Oder den Gemüsehändler, wenn es hochkommt? Oder um dem Ganzen einen positiveren Dreh zu geben: Wie unglaublich wichtig ist es, den Kindern und Jugendlichen von heute zu zeigen, dass ein Richter, eine Bürgermeisterin oder ein Firmenchef einen arabischen Background haben kann? Es ist eine rhetorische Frage, na klar. Aber wenn wir alle wissen, dass Vorbilder wichtig sind, warum handeln wir nicht danach?

»Im Film kann ich es manchmal verstehen. Ich kann jetzt natürlich schlecht den typischen Nachbarn namens Harald spielen. Aber ich könnte ja einfach den Nachbarn namens Mustafa spielen. Das meine ich, wenn ich sage: lieber eine Schublade als gar keine Schublade. Klar, bis jetzt habe ich fast nur Gangsterrollen gespielt oder Flüchtlinge. Einmal auch einen Prinzen mit Diplomatenstatus, das war wenigstens cool. Aber wie gesagt, lieber eine Rolle als keine Rolle. Ich mein, Schauspieler stehen Schlange. Da habe ich sauviel Glück mit dem, was ich jetzt drehe.«

Manche mögen denken, es ehrt Yonii, dass er so demütig bleibt. In Wirklichkeit aber zeigt es, wie verkrustet die Gesellschaft in ihrer Sicht- und Denkweise immer noch ist und dass selbst viele Betroffene sich damit arrangieren, es als Normalität empfinden. Selbst in den angeblich intellektuellen, aufgeklärten Blasen, aber auch im Alltag stieß er immer wieder auf Hindernisse. Einer der Gründe, wieso er mit der Musik anfing. »Das war pure Verzweiflung.«

Ein seltener Grund, ehrlich gesagt. Aber die Erklärung folgt direkt: »Wenn ich damals im Club oder auf der Straße Frauen angesprochen habe, dann kam da oft so was wie *Verpiss dich, du Scheißaraber* zurück. Von ganz normalen Frauen. Irgendwann dachte ich mir, ich muss einen Weg finden, Frauen anzusprechen, und hab einfach Antonio Banderas nachgemacht. Ich habe meine Haare gestylt und bin dann hingegangen und hab die auf Spanisch angesungen. Dann waren die gleich so: *Oh, bist du Spanier? Voll süß Mann, kannst du noch mal singen?* Daraus hat sich diese Masche entwickelt, erst war ich Spanier, manchmal auch Türke. Dann hab ich auf Albaner gemacht, hab mit meiner Hand rumgeklopft und beim Singen geklatscht. Und dann entstand auf einmal der Beat, und ich konnte zum Beat rappen. Irgendwann konnte ich sämtliche Kulturen adaptieren, aber eben auch unterhalten. Ich hab angefangen, mich in alles reinzugraben. Von indischer Musik über Schlager und La Paloma bis zu Hip-Hop, Trap, R'n'B. Alles, was dir in den Kopf kommt, was du dir jetzt vorstellen kannst. Egal, was du dir von mir wünschst, ich kann dir das singen. Es funktioniert! Du bist dann plötzlich nicht mehr der Araber für die. Und gleichzeitig denkst du dir, Mann, ich bin doch aber Araber. Warum kann ich nicht einfach als Araber durchgehen? Irgendwann hab ich deswegen auch angefangen arabisch zu singen. Dann habe ich gemerkt: Bei deutschen Frauen muss ich spanisch singen. Bei arabischen Frauen muss ich arabisch singen. Bei türkischen Frauen muss ich arabisch-türkisch singen. Und so weiter und so fort.« Er lacht, wenn er an seine wilde Disco-Zeit denkt.

»Irgendwann haben das ein paar Leute aufgenommen und auf Facebook gestellt. Das hab ich dann rausgekriegt und gemerkt, Moment mal, da tut sich ja was. Und dann fing es Schritt für Schritt an. 500 Likes, 1000, 2000 Likes. Viele Leute aus der Musikbranche haben sich gemeldet, Manager, Labels. Aber ich konnte zu keinem dieser Termine hingehen, ich hatte ja noch dieses Schauspielstudium. Und ich wollte das erst mal beenden. Deswegen hat es so lange gedauert. Dann habe ich erst einmal geschauspielert und nebenbei versucht, ein Album zu produzieren. Mittlerweile ist alles in Butter, ich habe den perfekten Produzenten gefunden, und wir produzieren, wenn es hochkommt, in drei Tagen drei Songs.« Bandarbeit. Aber nicht die Art, die sein Vater und dessen Generation in den Fabriken geleistet haben. Denn einen krummen Rücken bekommt Yonii davon nicht. Es ist Arbeit, die Spaß macht.

Ob sein Leben anders verlaufen wäre, wenn er in Marokko gelebt hätte? Es ist eine dieser Fragen, die ich bei meinen *Germania*-Interviews jedes Mal stelle, dabei beantwortet sie sich eigentlich von selbst: Ja, natürlich. Aber die Nuancen in den Antworten sind eben doch interessant und erzählen etwas über den Menschen, der sie gibt, und über das Land, aus dem dieser Mensch kommt. Über seinen State of Mind. »In Marokko wäre mein Leben definitiv anders verlaufen. Marokko ist nicht Deutschland. Und Deutschland ist nicht Marokko. So wie es jetzt in Deutschland gelaufen ist, bin ich Gott dankbar. Einfach so viel zu wissen und so viel Erfahrung sammeln zu dürfen. Zwischen den Kulturen leben zu dürfen, ohne zerrissen zu sein. Das würde es in Marokko nicht geben. In Marokko leben nur Marokkaner. Und wenn jemand da hinkommt, dann sind es Touristen. In Deutschland haben wir das Glück, dass sich alle Kulturen auf einem Platz treffen. In Deutschland kannst du jeden treffen. Du kannst mit einem Russen chillen, mit einem Albaner, es gibt alle Kulturen in einem Land. Das ist, glaube ich, die neue Generation, das Multikulti, wovon wir profitieren können. Und die, die nach uns kommen, werden ihren Kindern das mitgeben müssen. Das ist schon etwas Spezielles, es ist nicht selbstverständlich.«

Manchmal vergisst man das. Die Vorzüge, die es bietet, in einem Land aufzuwachsen, in dem man die Vielfalt der Nationen der Welt kennenlernen darf. Was inzwischen in Teilen der Bevölkerung als etwas Negatives gilt, ist in Wahrheit ein unfassbares Glück. Das weiß auch Yonii. »Ich mein, Frankreich zum Beispiel ist Deutschlands Nachbarland, aber hat eine ganz andere Politik gegenüber Nordafrikanern. Weil Frankreich einfach schon Jahre zuvor eine Geschichte mit Nordafrika hatte.« Die Geschichte, die Yonii meint, ist die Geschichte der Kolonisation, der Unterdrückung und Ausbeutung. Es ist ein uralter Schmerz, der das Verhältnis bis heute tief greifend belastet.

Yonii sieht Deutschland da weniger vorbelastet, auch wenn es natürlich auch hier eine koloniale Vergangenheit gibt. »Deutschland versucht nicht aus der Not heraus, sondern versucht, aus der Bürokratie heraus oder aus der Diplomatie heraus, diese Menschen zu integrieren. Ich glaube, in Europa ist Deutschland noch einmal speziell. Zum Beispiel Spanien, Portugal, Italien, das sind ja auch alles Südländer irgendwie. Wenn ich mit einem Italiener rede, dann habe ich das Gefühl, ich rede mit einem Marokkaner. Aber mit einem Deutschen ... na ja, der ist dann so der Deutsche halt. Da bin ich dann auch deutsch.« Das Spiel mit den Identitäten, der Wechsel zwischen den Welten, das »Chaos« an Sprachen, all das hat er zum Beruf gemacht:

Manchmal wird es mir zu viel in diesem Chaos
Baba seh ich nie, denn ich bin am Bahnhof
Safi c'est fini, Schwester weiß, dass ich klarkomm
Hier in dieser Gegend ist jeder Pablo, Pablo
Yonii, »Lampedusa«, 2017

Und dennoch gibt es immer wieder irritierende Erlebnisse: »Neulich war ich in Basel«, erzählt Yonii, während wir uns zu dem Gebäude begeben, in dem er einst studierte. »Da bin ich in den ICE eingestiegen, und bevor ich eingestiegen bin, war da eine Frau, und die hat mich die ganze Zeit angeschaut. Die ganze Zeit. Ich hab mich durchgehend gefragt, warum schaut die mich so an? Was ist los, was hab ich gemacht? Sie schaut, ich schau, sie schaut, ich schau. Ich denk nach, sie denkt nach. Irgendwann nimmt sie ihre Tasche auf ihren Schoß. Und schaut mich weiter an. Irgendwann dachte ich mir, ich muss das brechen. Offensichtlich hat sie ja irgendein Problem. Also bin ich hingegangen und habe freundlich zu ihr gesagt: *Liebe Dame. Ich fühle mich irgendwie ein bisschen beobachtet. Wenn Sie ein Problem mit mir haben, dann stelle ich mich auch einen Kilometer weit weg. Sie brauchen auch keine Angst zu haben vor mir oder so. Aber was soll das?* Sie schaut mich weiter an und sagt plötzlich: *Verzeihung. Ich habe nur das Gefühl, ich habe Sie im Fernsehen gesehen. Haben Sie mal in einem ›Tatort‹ mitgespielt?* Da hab ich gemerkt: Scheiße, du hast dich grade selber diskriminiert.«

Er lacht lauthals, als er die Geschichte zu Ende erzählt hat, betritt seinen alten Übungsraum und setzt sich ans Piano. Es gibt Momente im Leben, in denen fühlt man sich unten gehalten, und es gibt Momente, in denen merkt man, dass man es geschafft hat. Für Yonii, wie sollte es auch anders sein, sind diese Momente auf einem Bahnsteig in Basel zu einem Moment verschmolzen.

Manuellsen
Eine von vielen Familien

Der Mann ist eine Erscheinung. Wäre er wahrscheinlich überall auf diesem Planeten, egal ob in Caracas, New York, Bangkok oder Kapstadt. Aber hier in Mülheim, der 170 000-Einwohner-Stadt zwischen Essen und Duisburg, ist es nicht möglich, an ihm vorbeizuschauen. Emanuel Twellmann, genannt Manuellsen, läuft wie ein Bürgermeister durch die Straßen seiner Stadt. Aber nicht wie einer dieser Bürgermeister, die bedruckte Kugelschreiber verteilen und alten Omas in der Fußgängerzone auf die Nerven fallen. Eher wie einer, der einfach quer über die Straße läuft, wenn er Lust darauf hat, weil er weiß, dass die Autos, ohne zu hupen, anhalten werden. Dass ihm hier niemand ans Bein pinkeln will.

Es ist grau und nieselig, passendes Wetter, um durch eine Arbeiterstadt im Ruhrgebiet zu flanieren. Bonjour Tristesse. Wir laufen die Eppinghofer Straße runter, einer der Orte, an denen Manuellsen jeden Stein kennt. Und wenn sie könnten, würden die Steine höflich grüßen, denn alles andere wäre unangebracht. Es ist eine dieser vielen Regeln, nach denen Manuellsen handelt, denkt, lebt. Man könnte es eine unausgesprochene Vereinbarung nennen oder sogar einen Kodex, einige nennen es übertrieben. Aber die Regel gilt nach wie vor: Gib Respekt, dann bekommst du Respekt. Gib keinen Respekt – dann nimm lieber die Beine in die Hand. Hier, in seiner Heimat, muss man niemandem erklären, wer er ist, aber es soll

Menschen geben, die den Zweimetermann mit dem breiten Kreuz nicht kennen. Gar kein Problem, dann stellt er sich eben vor. »Ich heiße Manuellsen. Ich bin 41 Jahre alt. Und ich bin Musiker.« Geboren in Berlin-Kreuzberg, als Sohn einer politischen Aktivistin aus Ghana, kam er mit sechs Monaten in den Ruhrpott, dieses Stückchen Erde, das vor allem durch den Bergbau, die ehrliche Arbeitermentalität und die Currywurst bekannt wurde. Um Letzteres gibt es ab und zu einen kleinen Disput mit Berlin, denn auch hier behauptet man gerne mal, die Wurst erfunden zu haben. Kann Manuellsen aber egal sein, schließlich nennt er beide Orte sein Zuhause. »Ich bin tatsächlich in Berlin geboren.« Er betont das, weil es im Rap durchaus wichtig ist, welchen Lokalpatriotismus man sich auf seine Fahne schreibt.

Es gibt nicht viele Künstler und Künstlerinnen im Hip-Hop, die sich die Möglichkeit entgehen lassen, überall herauszuposaunen, dass sie in Kreuzberg geboren wurden. Manuellsen hat das nicht nötig. In der Deutschrap-Szene steht er schon immer für den Pott, und es gibt wohl im ganzen Land niemanden, der ihn nicht kennt. Ob bei der legendären Crew German Dream oder auf Samy Deluxes Label Deluxe Records, Manuellsen hat schon die Väter all der Nachwuchs-Rapper gekannt, die heute versuchen, sich einen Namen zu machen. Er wechselte Labels und machmal auch Städte, aber der Ruhrpott war immer seine Heimat. »Ich hab es in Berlin nach meiner Geburt sechs Monate ausgehalten und bin dann schnell weg«, sagt er und lacht, auch wenn man ihm sofort zutrauen würde, bereits als Kleinkind seinen eigenen Kopf durchgesetzt zu haben. »Meine leibliche Mutter ist damals ziemlich schnell ins Ruhrgebiet gezogen.«

Die Mutter kriegt bald Probleme, mit dem Staat, wohl auch mit sich selbst. So genau weiß er das nicht. Sie wird abgeschoben und gibt das Kleinkind in eine Pflegefamilie. »Und dann ist sie einfach nicht mehr wiedergekommen.« Er sagt das ohne

Bitterkeit, ohne einen Anflug des Vorwurfs in seiner Stimme, eher als nüchterne Feststellung. Wahrscheinlich hat er zu viel erlebt, um nicht zu wissen, dass das Leben einem übel mitspielen kann. Dass es nicht nur Schwarz und Weiß, sondern auch jede Menge Grautöne gibt. Allzumal, wenn es darum geht, einen Platz im Leben zu finden:

Herzen aus, Gesichter tot,
Schmerzen lassen ihn nicht mehr los, Dicka
Mama brachte uns bei,
bei uns brennt nachts kein Licht im Hof, Dicka
Chaye, wir haben uns gefickt für unser Ansehen
Nenn es seinen Mann stehen,
aber in Wirklichkeit war's Angeben
Manuellsen, »El Sicario«, 2019

»Ich bin dann einfach in diese Pflegefamilie gekommen. Niemand wusste so richtig, was man mit mir anfangen soll. Also bin ich erst mal bei dieser Familie geblieben.« Er spricht von der Familie, die heute *seine* Familie ist. Eine von vielen Familien, die er inzwischen hat. Einige sind blutsverwandt, andere haben ihn ausgewählt, wieder andere hat er sich selbst ausgesucht.

Die Jahre des jungen Emanuel verstreichen, und irgendwann entschließen sich seine Pflegeeltern, ihn an Kindes statt anzunehmen. »Sonst wäre ich ebenfalls abgeschoben worden. Aber in der ganzen Zeit bin ich denen anscheinend ans Herz gewachsen.« Er lächelt leicht, es ist diese Mischung aus Humor und Herzschmerz, die ihn ausmacht.

Mit elf Jahren adoptiert ihn die Familie Twellmann, deren Namen er bis heute trägt. Spätestens von diesem Tag an ist er endgültig Mülheimer. Seine leiblichen Eltern hat er bis heute nie kennengelernt. »Ich weiß nicht viel über meine Eltern. Mein Vater ist wohl ein bekannter Musiker in Ghana, das war's eigentlich.« Einen richtigen Bezug hat er nicht zu ihnen. Einmal betritt er einen Afroshop und sorgt sofort für helle Aufregung, als einer der Anwesenden die Züge des Vaters in seinem Gesicht zu erkennen glaubt. »Dann hat der mich da vor allen gefragt: *Bist du nicht der Sohn von Soundso?* Ich hab Ja gesagt, und dann ging da total der Aufruhr los. Damit bin ich irgendwie nicht klargekommen und bin gegangen. Ansonsten weiß ich nicht viel.«

Über die Pflegeeltern weiß er deutlich mehr, logisch. Bis heute ist er in engem Kontakt mit ihnen, erst vor Kurzem feierte er gemeinsam mit seiner Schwester ihr Abitur. »Ich bin ganz normal aufgewachsen, so wie meine anderen Geschwister auch. Aber der Unterschied war natürlich offensichtlich: Sie sind weiß, und ich bin schwarz.« Im Ruhrgebiet der 80er-Jahre ist das keine Normalität, ganz im Gegenteil. Damals wie heute wird er auf der Straße angestarrt. »Als schwarzer Junge damals in Mülheim, das war so 'ne Sache. Meine Mutter hatte mit vielen Vorurteilen zu kämpfen.« Wir laufen an einem türkischen Imbiss vorbei, er schlägt den Kragen der Jacke hoch, damit der Wind, der hier so gerne um die maroden Ecken pfeift, nicht in die Jacke kriecht. Die Stadt, in der er heute lebt, hat sich verändert, multikulti ist inzwischen an der Tagesordnung. Doch das war nicht immer so. »In meiner Jugend gab es viele Situationen, die mir auch deutlich vor Augen geführt haben, dass ich halt anders bin als die anderen. Und aus irgendeinem Grund wollten die Menschen mich das auch spüren lassen.« Er sagt das, als wäre er ernsthaft verwundert darüber. Und es stimmt ja auch, es bleibt ein Mysterium, warum Rassisten und Wutbürger diesen unbedingten Willen verspüren, einem ihre Meinung mitzuteilen. Warum sie den Wunsch haben, mit ihrem Mist ihre Umwelt zu verpesten, auf Teufel komm raus. Jeder Mensch, der es an Weihnachten mit einem Onkel vom Typ »Das wird man ja wohl noch sagen dürfen« zu tun hat, weiß, wovon die Rede ist.

Aber bei Manuellsen waren es nicht die zwei bis drei Familienfeste im Jahr, bei denen er sich mit rechter Ideologie oder unangenehmen Fragen befassen musste. Für ihn war und ist das Alltag.

»Es gibt da so ein Beispiel«, erzählt er, während wir das Box-Gym betreten, in dem er mal mehr, mal weniger regelmäßig trainiert. »Meine Mutter stand mit mir im Kinderwagen an einer Bushaltestelle. Der Bus kam, und der Fahrer hat sie nicht einsteigen lassen. Einfach so. Meine Mutter hat gefragt: *Was ist das Problem?* Und der Typ hat geantwortet: *Mit einem schwarzen Kind kommen Sie nicht in den Bus.* Eigentlich total undenkbar und vollkommen absurd.«

Er zieht die Jacke aus. Auf seinem T-Shirt prangt jetzt das rot-weiße Emblem eines großen Motorradclubs. »Wahnsinnig, dass das in Deutschland in den 80er-Jahren noch so war. Aber das sind Sachen, die sind wirklich passiert.« Er zieht sich die Boxhandschuhe an, dehnt den Nacken. »Es gab auch so Aktionen von Eltern aus meiner Klasse, die Unterschriften gesammelt haben, weil sie ihr Kind nicht mit einem schwarzen Kind auf Klassenfahrt schicken wollten.« Moment, was? Ich bin mir unsicher, ob ich ihn richtig verstanden habe, und frage lieber noch einmal nach. »Kein Witz. Weil denen das zu *heikel* war, ihre Kids mit 'nem schwarzen Jungen auf eine Reise zu schicken.« Mit zwei, drei gezielten, kraftvollen Schlägen fängt er an, den Boxsack zu malträtieren, und redet ruhig weiter. »Das sind so Sachen, die sind heute kein Problem mehr für mich. Ich bin ein Riesenkerl. Mich macht so was nicht mehr runter.« Der nächste Schlag donnert in das Trainingsgerät, der Boxsack beginnt, gefährlich zu schwanken.

»Aber wenn ich heute so darüber nachdenke, dann sollen die

Leute sich auch nicht wundern, wenn ich das Bedürfnis verspüre, Macheten in die Köpfe derer zu hauen, die was gegen meine Hautfarbe sagen. Das ist dann halt das Resultat davon.« Wenn er so was sagt, ist das keine Metapher, er meint das komplett ernst. Manuellsen hat nach wie vor mit Rassismus zu kämpfen, nur kann er sich heute wenigstens wehren, wie man mehr als deutlich sieht und oft auch hört. Er hat sich stets gerade gemacht, wenn es um das Thema Rassismus ging in der deutschen Rap-Szene, hat andere Künstler verteidigt, verbale Prügel eingesteckt. Aber er hat aus seiner Kindheit gelernt, sich nie mehr Rassismus gefallen zu lassen. »Heute tut mir das natürlich wahnsinnig leid, und ich würde es niemals zulassen, dass jemand so mit meiner oder über meine Mutter redet. Aber damals war ich einfach zu klein. Ich hab erst später den Schmerz verstanden, den sie durch die Adoption durchleben musste. Deswegen haben meine Eltern beide immer so einen besonderen Platz in meinem Herzen, einen ganz besonderen Stellenwert.«

Die Frage, wer man ist und woher man kommt, stellt sich vielen Adoptivkindern. Aber wie ist das, wenn man auch im Alltag beinahe täglich mit dieser Frage konfrontiert wird? Wenn die ganze Welt um einen herum »anders« ist? Stolz und Wut mischen sich wie so oft in seinen Texten:

> *Ich trag meine Haut wie 'ne Krone,*
> *daran ist nichts falsch*
> *Die nächste Beleidigung, die endet*
> *mit 'nem Stich im Hals*
> *Ob du mich gefeiert hast oder nicht,*
> *schau in mein Gesicht*
> *Und ich sag's dir: Hurensohn,*
> *glaubst du ich mach Spaß hier?*
> **Manuellsen, »Gerüchte«, 2015**

»Die Situation habe ich praktisch jeden Tag, dass mich jemand fragt, wo ich herkomme, und ich sage dann: *Meine Wurzeln liegen in Ghana.* Fertig. Alles darüber hinaus finde ich gar nicht so wichtig. Ich hab diesen Nationalstolz nicht, weil ich finde, das ist 'ne dumme Sache. Nationalstolz an sich ist einfach dumm. Ich mag Deutschland. Ich mag unsere Nationalmannschaft. Ich bin keiner, der für die andere Mannschaft jubelt, wenn Deutschland spielt, nur um anti zu sein. Ich wohne in Deutschland, und wenn Deutschland gewinnt, bin ich auch Weltmeister. Ich bin aber genauso stolz auf die Türkei oder auf Griechenland, das sind alles schöne Länder. Oder Spanien. Ich mag auch Amerika. Los Angeles war eine große Erfahrung und ein krasses Abenteuer. Ich mag einfach alles, was schön ist, und ich partizipiere gerne daran, wenn irgendwas von woanders herkommt. Ich hab da gar kein Problem mit. Es ist gar nicht so wichtig, dass man nur darauf stolz ist, wo man herkommt. Ich finde das affig.«

Bei Manuellsen sind das nicht einfach nur schöne Worte. Kein PC-Gelaber ohne Fundament. Er meint das genau so, wie er es sagt. Deshalb hat er sich unter anderem autodidaktisch die Sprachen seiner Freunde beigebracht. Türkisch, Arabisch, Kurdisch, etwas Niederländisch, ein wenig Spanisch. In Deutschland, wo das Erlernen von Sprachen als Einbahnstraße für Zugezogene gesehen wird, fällt so was auf. Bis heute klopfen sich Soziologiestudenten in deutschen Großstädten selbst auf die Schulter und halten sich für leuchtende Beispiele des multikulturellen Zusammenlebens, wenn sie zwei Worte mit ihrem türkischen Kioskverkäufer wechseln können. Selbst in Berlin-Kreuzberg, meinem und Manuellsens Geburtsort und dem Hotspot migrantischen und linken Lebens in diesem Land, weiß kaum jemand, wann die Festtage der omnipräsenten türkischen Community gefeiert werden. Es fehlt an multikulturellen Strukturen, auch wenn man das Label des migrantischen Schmelztiegels stolz vor sich herträgt.

In Manuellsens Leben hingegen fehlt es seit jeher eher wenig an diesen Strukturen. »Ich bin in Mülheim-Dümpten groß geworden. Dümpten ist ein ganz normales Mittelklasseviertel, sage ich mal. Es gab alle möglichen Ausländer: Türken, Kurden, Araber, Jugoslawen, Italiener, Portugiesen.« Vorbilder aus seiner eigenen Community sucht er hingegen vergebens. »Das richtig schwarze Ding, das gab es zu der Zeit einfach nicht, wenn ich mich richtig erinnere. Nur bei mir und noch einem Kollegen, den ich hatte. Und einem entfernten Cousin. Wir waren also drei Schwarze in der ganzen Gegend. Das fällt halt auf, wenn man da rumläuft.«

Als Jugendlicher hat er damit zu kämpfen. »Es gab sehr oft Momente, die mir auf den Keks gegangen sind, weil ich immer wieder erklären musste, wie es zu dieser Konstellation kommt. Weiße Eltern, schwarzer Junge. Man erklärt es einmal, man erklärt es zweimal, vielleicht noch ein drittes Mal, und irgendwann schaltet man dann einfach auf blöd und macht sein eigenes Ding. Du beginnst nur noch mit den Leuten abzuhängen, die deine Lebensgeschichte kennen und verstehen, weil einem das irgendwann auch zu bescheuert ist, jedes Mal zu erklären: *Ja, meine Mutter, dies, das, trallalala.* Ich muss es ja auch heute noch erklären manchmal. Aber wie gesagt, ich habe dann irgendwann für mich selber entschieden, dass es vollkommen egal ist, woher du kommst oder wie du groß geworden bist oder was auch immer du früher gemacht hast. Das Wichtigste ist eigentlich, wie dein State of Mind heutzutage ist. Wenn du deinen Verstand auf gute Dinge lenkst und eine gesunde Weltanschauung hast, dann ist das das Wichtigste. Der Rest interessiert mich nicht.«

Es mag kitschig klingen, aber die Welt wäre sicher eine bessere, wenn der Großteil der Menschen so denken würde. Tun sie aber nicht. Weder in Caracas, New York, Bangkok oder Kapstadt noch in Mülheim.

»Wenn man jetzt von den ganzen Erwachsenen in Mülheim ausgeht, dann war und ist das schon manchmal echt anstrengend, weil die Leute im Ruhrgebiet sehr urig sind. Ich mag die Leute hier, die haben mit Fremdenhass eher wenig zu tun, aber die sind halt sehr urig und sehr traditionell. Wenn jemand deutsch ist, dann ist er hier so richtig deutsch. Es gibt nur Deutschland und Deutsche und dann ist alles gut. Aber auf der Straße, die dann irgendwann mit vierzehn, fünfzehn Jahren bei mir dazukam, fand ich das Ruhrgebiet immer perfekt. Die verschiedenen Nationen, zu denen ich mich dann gesellt habe, das war mein Ding. Die Deutschen wollten mit mir nichts zu tun haben? Okay, kein Problem! Ich habe dann Anklang bei den Türken und Kurden gefunden, und deswegen habe ich auch ihre Sprachen gelernt. Die haben immer untereinander geredet in ihren Gruppen, und ich konnte nichts verstehen, deswegen musste ich das lernen. Ist doch ganz klar. So hat das angefangen. Irgendwann sind Araber dazugekommen und dann das gleiche Spiel, und dann irgendwann waren wir alle zusammen eine Clique. Und ich war halt derjenige, der sich anpassen musste, weil die anderen konnten miteinander reden. Ich nicht. Deswegen bin ich heute anderen Nationen gegenüber immer so offen, glaube ich. Mir wird ja auch oft nachgesagt, dass ich nicht weiß, wo ich herkomme oder was für eine Nationalität ich habe. Ich finde das aber gar nicht so schlimm und gar nicht so wild, weil, wenn du die ganze Welt als Nation hast, dann ist das schon etwas Besonderes.«

Rio Reiser, der vielleicht größte Liedermacher, den Deutschland je hatte, schrieb dazu: »Ich bin über zehntausend Jahre alt/ Und mein Name ist Mensch«. Bei Manuellsen sind es jetzt 41 Jahre, die er als Mensch auf dieser Erde wandelt. Manchmal mehr, manchmal weniger versöhnlich – wie 2016 in »Cavemin«:

Ich steh vor dir wenn die Kugel kommt
Scheißegal, wie tief die Narben sind
Wir wollten dieses Leben und wir nahmen's hin
In meinem Herzen ist dein Name drin,
du bist mein Cavemin
Manuellsen, »Cavemin«, 2016

Neben seiner Musik hat er zwei Kinder, eine Frau und muss sich um seine Verbindungen zu einem Motorradclub mit zweifelhaftem Ruf kümmern. Im Internet wird viel geschrieben zu diesem Thema, die Experten schießen aus dem Boden wie Pilze im Herbst, wenn es um Manuellsen und die Hells Angels geht. Während die einen den Club als friedliche Vereinigung freiheitsliebender Männer darstellen, die gerne Motorrad fahren, bezeichnen andere sie als Schutzgelderpresser, Drogendealer oder Zuhälter. Wie so oft liegt die Wahrheit irgendwo in der Mitte. Auch in der Welt der Rot-Weißen gibt es Grautöne.

Es wäre aber auch gelogen zu behaupten, dass sowohl Emanuel Twellmann als auch Manuellsen keinen Hang zu vermeintlich harten Jungs hätten. Schließlich wurde er früh selbst einer. Wenn er heute zurückschaut, glaubt er sich sogar ziemlich genau zu erinnern, wann das alles anfing.

»Ich weiß noch sehr genau, wann ich erstmals zu mir gesagt habe: *Stopp, es reicht!* Ich bin mit meinen Eltern und Geschwistern in den Urlaub gefahren. Wir waren damals immer auf so einem Bauernhof in Bayern, und da war eine andere Familie, von so einem reichen Schnösel. Der war Karatelehrer, und seine Kinder haben auch Karate gemacht. Wir haben dann alle zusammen auf diesem Bauernhof gespielt, und irgendwann fingen halt die klassischen Sprüche an, mit dem N-Wort und all diese typischen Kindergeschichten. Ich habe mir erst mal nichts daraus gemacht, weil ich größer als die beiden war. Aber die waren halt auch so Karate-Kids. Irgendwann haben die es so auf die Spitze getrieben, dass meine große Schwester zu denen gegangen ist und gesagt hat: *Ey, hört mal zu. Das ist mein kleiner Bruder. Hört auf mit der Scheiße.* Und dann haben die meiner Schwester einen Stein an den Kopf geworfen. Meine Schwester war ungefähr sechzehn und ich vielleicht zehn Jahre alt. Ja gut, was soll man da machen? Ich hab die beiden Jungs verprügelt, nach Strich und Faden, mit allem Drum und Dran. War wahrscheinlich auch ein bisschen zu hart. Danach kam dann der Vater an und hat erzählt, wir wären eine Assi-Familie und dass er uns verklagen wird und so weiter. Hat uns einfach beschimpft. Das war der einzige Moment im Leben, wo ich gesehen habe, wie mein Vater aufgestanden ist und gesagt hat: *Okay, pass auf, Freundchen, Karate hin, Karate her. Wenn du noch ein Wort über meine Familie sagst, dann knallt es hier.* Der andere Typ war natürlich voll motiviert, weil er Karate konnte. Im Endeffekt gab es dann eine riesige Diskussion, und dann kamen die vom Bauernhof und meinten zu uns: *Ihr seid schuld, und ihr müsst den Bauernhof verlassen!* Wir haben dann unsere Sachen gepackt und sind abgefahren. Die Sommerferien waren zwar im Arsch, aber wir haben als Familie zusammengehalten. Ich glaube wirklich, dass das der ausschlaggebende Punkt war, an dem ich gesagt habe: *Okay, so was lasse ich nie wieder auf mir sitzen!*«

Dieser Moment des Zusammenhalts, dieses »Einer für alle und alle für einen«-Gefühl scheint ihn schwer beeindruckt und geprägt zu haben. Ein einschneidendes Erlebnis für den Jungen, der in dieser ansonsten sehr gesitteten und ordentlichen Familie aufwuchs, die ihm beibrachte, Konfrontationen zu vermeiden.

»Meine Eltern sind ganz liebe Menschen«, erzählt er, während er die Boxhandschuhe wieder auszieht und sich abtrocknet. »Sehr wenig Temperament. Jetzt nicht im negativen Sinne, aber sie sind halt einfach sehr down-to-earth. Die haben mir immer gesagt: *Geh Streit aus dem Weg. Du bist schlauer als die, lass dich nicht ärgern!* So Dinge, die Eltern einem halt mitgeben. Und das hat auch funktioniert bis zur dritten Klasse, sagen wir mal. Aber wenn du – das wird ja jeder bestätigen können –, wenn du immer wieder sagst: *Ist okay, ist okay, ist okay,* dann geht es natürlich immer weiter. Die Leute wollen dich halt triggern bis zu einem gewissen Punkt. Lange Zeit habe ich probiert, das zu befolgen, was mir meine Eltern gesagt haben. Aber vielleicht war ihnen nicht bewusst, wie schlimm und grausam Kinder sein können.« Manuellsen wurde es schnell bewusst. Als seine Entscheidung fiel, sich zu wehren, mit allen Mitteln, die ihm zur Verfügung stehen, war sie unumkehrbar. Kein Nachgeben mehr:

Ich hab so oft zu jungen Brüdern gesagt:
»Nein, mach es nicht.«
Resultat davon, sie kam'n nach Hause mit 'nem Stich
Ha! Bitt'schön, für 'n Arsch
Ich fick so 'n »Der Klügere gibt nach«
Manuellsen, »Gangland«, 2016

Manuellsen ist jemand, der in Frieden leben will, seine Ruhe haben möchte. Aber wenn man ihm diesen Frieden nicht gönnt, wird es ungemütlich. So ungemütlich, dass Gesetze übertreten werden, dass es physisch gefährlich wird für jeden, der sich mit ihm anlegen will. Er weiß um seine Kraft, und er ist schlau genug, seine Taten zu reflektieren, neigt jedoch auch dazu, sie zu rechtfertigen.

»Auch, wenn das jetzt total ätzend ist, was ich sage, aber ich bin auf jeden Fall der Meinung, dass, wenn es verbal nicht mehr geht und du körperlich zum Ausdruck bringst, dass es dir reicht, dann ist das auf jeden Fall eine Variante. Ich glaube, *Gewalt ist keine Lösung* ist eine Floskel, die der Staat oder die Gesellschaft uns nahelegen, damit wir uns nicht wehren. Wenn Gewalt keine Lösung ist, warum ist dann der Vertreter des Staates, die Polizei zum Beispiel, mit einer Pistole unterwegs, wenn Gewalt keine Lösung ist? Deswegen sage ich, Gewalt ist sicherlich nicht die erste und auch nicht die zweite Lösung, aber eine dritte Lösung ist es definitiv. Ich habe gemerkt, wenn du jemandem so eine vor den Kopf ballerst, dass seine Zähne über den Bordstein fliegen, dann ist danach Ruhe.«

Es ist keine neue, aber natürlich eine äußerst kontroverse Diskussion, die Manuellsen da anstößt. Wo darf Gewalt anfangen und wo muss sie aufhören? Wer hat die Gewalthoheit? Ist es nicht auch Gewalt, wenn ein Staat Hilfeleistung unterlässt? Gewalt beginnt dort, wo jemand anderes physisch geschädigt wird, das ist die gängige Meinung. Aber was ist mit psychischer Gewalt? Was ist mit der Gewalt, die wir, die der deutsche Staat, unser Land, beispielsweise ausüben, wenn wir Jahr für Jahr sehenden Auges Tausende Menschen im Mittelmeer ertrinken lassen? Wenn Gewalt keine Lösung ist, was ist dann mit der Freiheitsbewegung in Südafrika zu Zeiten Mandelas? Was ist mit den Black Panthers? Was ist mit Malcom X, der in einer Rede in New York im Jahr 1965 sagte: »Man kann Frieden und Freiheit nicht voneinander trennen; niemand kann friedlich sein, solange er nicht frei ist«? Die Fragen sind so schwirig, wie sie ganz ohne Zweifel wichtig sind – auch wenn Manuellsen und ich an diesem Tag keine endgültigen Antworten finden. Wie auch?

Mit Politik hat Manuellsen überhaupt eher wenig am Hut. Sein persönliches Umfeld ist ihm wichtiger als die Aussagen oder Meinungen irgendwelcher Staatspräsidenten und die daraus entstehenden Kämpfe in der Gesellschaft. »Ich glaube, die Menschheit wird geradezu gezwungen, sich ihren eigenen, kleinen Kreis aufzubauen. Was sehr schade ist, weil ich bin normalerweise ein Fan von Unity im Sinne von: *Ich bin dies, du bist das. Kommen wir zusammen, sind wir was Neues und Schönes!* Ich mag das. Aber die Gesellschaft und die Eingebungen von oben – nicht in göttlicher Hinsicht von oben –, die arbeiten nur dagegen. Gegen diese Gemeinschaft. Weil Gemeinschaft und Solidarität machen uns stark. Seit wann sollen die Menschen sich untereinander verstehen und stark sein gegen den Staat oder Regierungen? Das war noch nie besonders gern gesehen. Das können die auf den Tod nicht ausstehen, wenn Leute stark sind. Ich fahr nun mal für einen Motorradclub, das ist auch nicht gern gesehen. Die Leute mögen das nicht, wenn sich Leute zusammentun, die gleich denken und die stark sind.«

Der Vergleich zwischen einem Motorradclub und den Freiheitsbewegungen der Weltgeschichte mag – wie auch schon zuvor – etwas hinken, aber für Manuellsen bestätigt er sein Weltbild. Ein Weltbild, das sich aus den schmerzhaften Erfahrungen seines Lebens zusammengesetzt hat. Ein von Maskulinität und einem Ehrenkodex dominiertes Bild unserer Gesellschaft, in der es letztendlich um Erfolg und Verdrängung geht. Und einer Haltung, die darauf beruht, sich nichts mehr gefallen zu lassen. Und wenn man dafür mit dem Kopf durch die Wand muss, dann ist es egal, ob da die Chinesische Mauer oder Fort Knox vor einem steht. Dann wird die Wand durchbrochen, mit allem, was dazugehört. Man stellt sich ihm besser nicht in den Weg, wenn er im Rage-Modus ist, so viel ist klar. Der Spaß hört auf:

> *Ich hab tausendmal gefragt und*
> *wurd' tausendmal gefickt*
> *Heut versau ich euch den Spaß,*
> *ihr kriegt es tausendfach zurück*
> Manuellsen, »Intro«, 2015

Manchmal kriegt man das Gefühl, Manuellsen trägt den Schmerz der gesamten, leidvollen schwarzen Geschichte auf seinen Schultern, wenn er sich über die immer noch aktuellen Ungerechtigkeiten aufregt. Und natürlich, auf gewisse Art tut er das auch, Tag für Tag. »Schwarzer zu sein hat noch vor sechzig Jahren – also vorgestern quasi – bedeutet, dass da in Amerika in einer Stadt eine Linie gezogen wurde, und wenn du als Schwarzer über diese Linie gegangen bist, dann wurdest du einfach erschossen.«

Manuellsen zieht seine Straßenklamotten an und schlägt den Kragen wieder hoch, bevor wir uns auf die Straße begeben. »Nicht weil du ein Verbrechen begangen hast, irgendwen ermordet oder vergewaltigt hast oder sonst irgendetwas. Sondern einfach, weil du ein Schwarzer warst. Keine metaphorische Linie oder so. Einfach nur eine Linie auf dem Boden!«

Das ist doch längst vorbei, mögen einige Geschichtsvergessene anmerken. Doch diese Erfahrungen sind nicht vergessen, nur weil eine neue Generation geboren wurde. Viele Völker tragen solche oder ähnliche Erfahrungen in sich, und es dauert oft Jahrhunderte, sie zu bewältigen. Aber wie soll man sie bewältigen, wenn man täglich mit der Dummheit der Menschen konfrontiert wird? Wenn Rassismus und Unterdrückung ein immanenter Teil des Systems sind? Die Black-Lives-Matter-Bewegung in den USA zeigt die Relevanz ihrer Bestrebungen beinahe täglich auf. Und auch im Rap, einer eigentlich multikulturellen und komplett antirassistischen Bewegung, gibt es eine immer größer werdende Anzahl von weißen Künstlern und vor allem Fans, die der Meinung sind, selbst entscheiden zu können, was Rassismus ist und was nicht.

»Manche Leute beschweren sich da wirklich und sagen: *Ja wie? Ihr dürft N***r sagen, aber wenn wir euch so nennen, dann ist es was Falsches?* Ja, na klar! Guck mal, ich kann dir das erklären. Die Weißen, die Sklavenhalter und all diese Typen haben uns damals so genannt. Nicht mich persönlich! Aber Leute vor mir. Die haben die so genannt, weil die den Leuten nicht den Respekt gegeben haben und sich nicht die Mühe gemacht haben, deren Namen auswendig zu lernen und sie mit Namen anzusprechen. Du wurdest schon immer Mehmet genannt. Du wurdest schon immer Carsten genannt, und du wurdest schon immer Bratislav genannt, oder wie auch immer du heißt. DU hast schon immer deinen Respekt bekommen, bereits bei der Anrede. Uns haben sie diesen Respekt nicht gegeben. Für die waren wir Kaffa, N***r, Boy, irgendwas. Das ging über Jahrzehnte so, einfach nur, um uns zu diskriminieren und zu zeigen: Wir herrschen über euch! Aber damit dieses Wort keine Power mehr hat, haben die Schwarzen angefangen, sich das anzueignen, und dem Wort eine neue, eigene Bedeutung gegeben und sich damit identifiziert. Heutzutage sind meine Leute stolz, N***r zu sein. Ich habe ›True N***r‹ auf der Brust tätowiert. Und jetzt wundern sich irgendwelche weißen Leute, dass sie das nicht zu uns sagen dürfen? Natürlich nicht. Denn wir haben dieses Wort erst zu dem gemacht, was es heute ist. Ihr wolltet uns damit beleidigen, aber wir haben uns da selber wieder rausgeholt! Wir haben uns unsere Namen zurückgeholt!« Es ist manchmal nicht einfach, die Welt von Manuellsen zu verstehen. Es ist leicht, sie zu kritisieren. Vor allem aber ist es nachvollziehbar, wie er zu dem wurde, der er heute ist: Emanuel Yousef Osman Smadi Twellmann aka Manuellsen.

Hatice Schmidt
Ein bisschen kaputt, ein bisschen Glamour

An den ersten Schultag kann sich vermutlich jeder Mensch lebhaft erinnern. Die bunten Schultüten, das akribisch ausgesuchte, gebügelte Outfit, das schon Tage vorher auf der Bettkante bereitlag. Dann die grüne Tafel, die unterschiedlich hohen Holzstühle und Tische und die ganzen fremden Kinder, die sich gemäß ihrer Körpergröße auf die Stühle und Tische verteilten. Der erste Schultag ist ein Tag voller Emotionen – gute wie schlechte. Manchmal auch grausame. Der erste Schritt in den sogenannten Ernst des Lebens, in Richtung Selbstständigkeit, Erwachsenwerden. Hatice Schmidt erinnert sich auch noch sehr gut an ihren ersten Schultag. Jedoch meint sie nicht den ersten ersten Schultag. Den, den man mit fünf oder sechs Jahren erlebt. In ihrem Gedächtnis blieb besonders jener erste Schultag hängen, an dem sie mit zwölf Jahren von Lankwitz auf die Schule in Neukölln wechselte.

Vom Berliner Vorort im Grünen in den angeblichen sozialen Brennpunkt Nummer eins der Hauptstadt. Das Neukölln der frühen 2000er-Jahre: Rütlischule, Drogendealer, Parallelgesellschaft. So wurde der »Problembezirk« zumindest in den Leitartikeln, Dokumentationen und sogar vom damaligen Bezirksbürgermeister Heinz Buschkowsky dämonisiert. Nun ja, ein wenig härter als das Neukölln von heute, in dem – Hummus sei Dank! – alle Nationen der Welt fröhlich neben- und miteinander leben und sich höchstens im Secondhandladen mal böse

Blicke zuwerfen, wenn jemand die Vintage-Levis-Jeans vor der Nase wegschnappt, war es natürlich schon. »Ich stand allein auf dem Schulhof, und da kam ein Mädchen auf mich zu«, erinnert sich Hatice an den Tag, der zu einem von vielen Wendepunkten in ihrem Leben werden sollte. »Sie meinte zu mir: *Siehst du diese Mädchen da drüben?*, und deutete auf eine Gruppe am anderen Ende des Schulhofs. *Wir werden dich schlagen.*«

Das war Hatices erster Kontakt an der neuen Schule. Kein freundschaftliches Händereichen, sondern eine geballte Faust hieß sie in der neuen Umgebung willkommen. In dem Kiez, der für immer ihr geliebtes Zuhause werden sollte. Aber der Reihe nach – denn um verstehen zu können, wie Hatice in dieser Situation reagierte, muss man erst einen Blick in ihre Vergangenheit werfen.

Auf dem Schulhof wurde ich
als Kanake beschimpft.
Hatice Schmidt

Geboren wurde Hatice Schmidt in Kreuzberg, zog mit ihren Eltern dann aber direkt nach Lankwitz. Lankwitz gehört zwar theoretisch genauso zur Hauptstadt wie Schöneberg oder Neukölln, rein optisch betrachtet würde man den östlichsten Teil Westberlins aber vermutlich eher irgendeiner Kreisstadt in Baden-Württemberg zuordnen. Viel grün, kleine Märkte, Doppelhaushälfte und Gartenzaun. 6196 Einwohner pro Quadratkilometer versus 14 199 in Neukölln.

Bis zu ihrem zwölften Lebensjahr war das Hatices Heimat. Ruhige Straßen, im Sommer durch den Rasensprenger hüpfen und Schulklassen, wo man artig den Finger hebt – keine Fäuste. Ein behütetes, fast idyllisches Bild einer Kindheit im Vorort möchte man meinen. Zoomt man jedoch näher ran, war bereits die Zeit in Lankwitz alles andere als harmonisch:

»Wir sind schon in sehr, sehr ärmlichen Verhältnissen groß geworden«, erklärt sie. »Selbst unsere bescheidene Wohnung haben wir nur bekommen, weil mein Vater seinen alten Chef um Hilfe gebeten hatte.« Die Gründe für die zahlreichen Wohnungsabsagen? »Es hieß immer: *zu viele Kinder, zu viele Kinder* oder *keine Türken*.«

Türken gab es in Lankwitz kaum. Hatice ist das erst mal gar nicht aufgefallen. »Als Kind denkt man nicht in solchen Kategorien wie *viele Türken* oder *viele Deutsche*. Aber wenn ich mich jetzt daran zurückerinnere, waren es sehr, sehr viele Deutsche.« Sie lacht.

Nur weil man als Kind noch nicht in solchen Kategorien wie Religion, Hautfarbe oder sozialer Status denkt, heißt das nicht, dass man die Auswirkungen nicht bemerken würde. »Meine Familie war anders als die anderen Familien in Lankwitz. Wir wurden gehänselt aufgrund unseres Aussehens. Wir waren halt auch anders. Meine Mutter hat ein Kopftuch getragen, und in Lankwitz hast du nie eine Frau mit Kopftuch gesehen. Dementsprechend warst du schon so ein Highlight irgendwie in den Straßen. Du wurdest halt immer angeguckt.«

In der Migranten-Community erlebten sie das genaue Gegenteil. Lankwitz schien trotz der Hänseleien auf dem Schulhof und den Blicken im Supermarkt auf die Familie abgefärbt zu haben. »Später in Neukölln waren wir dann einfach zu deutsch für die Türken, die hier gelebt haben. Wir haben zu viel deutsch gesprochen. Wir sind ja auch in die Moschee gegangen, und da waren alle Leute aus Wedding, Moabit, Neukölln und Kreuzberg. Die meinten immer zu uns: *Boah, ihr seid wie Deutsche*.« Für die Deutschen zu türkisch, für die Türken zu deutsch. Ein unbeliebter Klassiker.

Dass es gravierende Unterschiede zwischen der Lebensart,

die Hatice zu Hause vorgelebt bekam, und der der deutschen Kids gab, das wurde ihr vor allem in der Schule bewusst. »Ich habe mich immer sehr geschämt, mich vor anderen umzuziehen«, erinnert sie sich an den Sportunterricht. Seit der siebten Klasse trug Hatice einen Hijab, die Regeln ihrer Religion nahm sie ernst. »Ich habe mich immer in der Toilette eingeschlossen und lieber dort umgezogen, während sich alle anderen ganz normal umgezogen haben.«

Das blieb von den anderen Kindern natürlich nicht unbemerkt. Gerüchte wurden über Hatice verbreitet. Was sie denn zu verbergen hätte, einen Penis vielleicht? Die typischen Grausamkeiten, die Kinder sich gegenseitig gedankenlos antun, gibt es für Migrantenkids in der extended Version. »Meine Mutter hat immer den Müll nach Klamotten durchsucht. Wenn sie was Brauchbares gefunden hat, hat sie das gewaschen und uns zum Anziehen gegeben. Dementsprechend sahen wir natürlich sehr speziell aus. Die Sachen haben uns halt nie richtig gepasst. Einmal gab es dann in der Schule so einen Vorfall, ich weiß das noch wie heute. Eines dieser Teile aus dem Müll, die ich immer getragen habe, war so eine Unterhose, die über und über mit Rosen und Blättern bedruckt war. Sie war mir viel zu groß und zu allem Übel auch noch zerrissen. Eines Tages zog mir ein Junge aus der Klasse die Hose runter – was so oder so schon schlimm ist, selbst wenn man keine Muslima ist und keine Müll-Unterhosen tragen muss. An dem Tag hatte ich diese Unterhose an, die dann jeder sehen konnte. Ich habe mich zu Tode geschämt. Aber das war mein Alltag.«

*Ich erinnere mich in meiner Kindheit
kaum an meinen Vater.*
Hatice Schmidt

Zu Hause war Hatices Alltag auch nicht gerade das, was man mit dem Prädikat »rosig« versehen würde. Wie bei den meisten Kindern von Einwanderer-Eltern schuftete auch Hatices Vater 24/7, um der Familie das Leben zu ermöglichen – oder zumindest an der Idee davon zu kratzen –, das man sich vorgestellt hatte, als man in noch größerer Armut lebte. Während der Vater also quasi in seiner Werkstatt lebte und in ihren Kindheitserinnerungen so gut wie gar nicht vorkommt, führte Hatices Mutter ein ziemlich isoliertes Leben in diesem fremden Land, in das man doch so hohe Erwartungen gesetzt hatte und das es einem nun ziemlich schwer machte, Fuß zu fassen. Vor allem wenn man die Sprache nicht beherrschte und noch dazu ein Kopftuch trug. »Meine Mutter war ziemlich überfordert«, erinnert sich Hatice. »Sie sprach kaum Deutsch, hatte keine Familie mehr, keine Freunde in Lankwitz und war den ganzen Tag in dieser winzigen Wohnung. Mein Bruder war völlig außer Kontrolle geraten. Er war Sprayer in den 90ern und hat die ganze Wohnung besprüht. Überall, die ganze Wohnung war voll mit Graffiti, Schimmel oder abgerissenen Tapeten. Das war unsere Kindheit.«

Die absolut nachvollziehbare Frustration und die eigene harte Kindheit von Hatices Mutter mündeten in eine sehr strenge Erziehung. Wenn man es nett formulieren möchte. Auch wenn Hatice dieses Wort an keiner Stelle benutzt, waren körperliche und seelische Misshandlungen Teil der Erziehungsmethoden, die ihre Mutter offenbar mit Disziplin verwechselte. »Im Gegensatz zu meinem Bruder waren wir Mädels eigentlich normale Kinder, wir haben nichts angestellt«, beginnt sie zu erzählen. Auch aus Angst vor der Strenge der Mutter. »Wenn wir zu viel gelacht haben, hat unsere Mutter uns mit Nadeln in die Handflächen gestochen, weil Lachen bedeutete Spaß. Und wer diszipliniert ist, darf nicht so ausgelassen sein. Also wurden wir bestraft. Wir sollten immer diszipliniert sein, immer alles richtig und gut machen. Manchmal hat sie mich und meine Schwester bei Minusgraden im Schnee ausgesperrt, und wir mussten im Schlafanzug draußen stehen. Oder sie hat uns an der Heizung festgebunden. Das waren so die Erziehungsmethoden meiner Mama.«

Man kann nicht anders als schockiert sein, wenn Hatice von ihrer Kindheit und Jugend erzählt. Und vor allem, wie sie davon erzählt. Ruhig, nachsichtig, ohne Härte oder Bitterkeit in der Stimme. Im Gegenteil. »Glaub mir, meine Eltern leiden viel mehr als ich. Wenn du meine Mutter darauf ansprechen würdest, würde sie in Tränen ausbrechen«, entschuldigt Hatice ihre Mutter. »Ihr Leid ist viel schlimmer als meins. Ich kann darüber sprechen, auch wenn es manchmal traurig ist. Einmal zum Beispiel war ein sehr heißer Tag. Es war so heiß, dass unser Hausmeister einen Rasensprenger angemacht hat, und alle Kinder tobten in der Hitze durch die Wasserstrahlen und hatten einen Riesenspaß. Unsere Nachbarin Sabine hat mir einen Badeanzug von ihrer Tochter angezogen, damit ich mitmachen konnte. Als meine Mutter das sah, stürmte sie raus auf den Hof. Ich sah sie schon von Weitem heranlaufen und wusste, dass das Ärger geben würde. Ich hatte damals ganz lange Haare, bis zum Po. Meine Mutter nahm meine Haare, wickelte sie um ihre Hand und zog mich daran vom Hof in die Wohnung.«

Als Hatice das erzählt, muss ich unweigerlich an *Spanglish* denken, einen US-Blockbuster, in dem ein mexikanisches Dienstmädchen in die Vereinigten Staaten geht, um im Haushalt einer reichen amerikanischen Familie zu arbeiten und sich und ihrer Tochter ein besseres Leben zu ermöglichen. Mit verhaltener Freude und gleichzeitig unbändiger Angst und Frustration beobachtet sie, wie ihre Tochter schrittweise »amerikanisiert« wird von ihren Arbeitgebern, die sie herzlich aufnehmen und es eigentlich nur gut meinen. In einer Szene kehrt die reiche Familie inklusive der Tochter von einem Ausflug zurück.

Das mexikanische Mädchen hat bunte Strähnen in ihre Haare geflochten und ist völlig aufgedreht ob all des Spaßes, den sie an dem Tag hatte und den sich ihre Mutter nie leisten könnte. Die Mutter wird wütend auf sie, will, dass sie die Strähnen aus den Haaren nimmt, und schreit ihre Chefin an, was ihr überhaupt einfalle, ihr Kind einfach mitzunehmen, ohne nachzufragen. Das Kind weint, die Mutter schreit, die amerikanische Arbeitgeberin ist verwirrt. Alle Reaktionen sind nachvollziehbar. Die Wut und Verzweiflung der Mutter, die Trauer und Wut der Tochter auf ihre Mutter, weil die ihr das Leben schwer macht, und auch die Verwirrung der reichen Frau, die dem Kind doch nur »was bieten« wollte.

Meine Eltern hatten einfach Angst,
dass wir die Chancen, die wir hier geboten bekommen,
nicht wahrnehmen.
Hatice Schmidt

»Ich habe mich viele Jahre damit beschäftigt, woran es liegen kann, dass Kinder mit Migrationshintergrund so anders erzogen werden als die Kinder in ihren eigentlichen Heimatländern oder denen ihrer Eltern.« Die Erklärung, zu der Hatice gelangt ist, klingt schlüssig: »Ich denke, dass die Menschen Verlustängste haben. Angst, ihre Kultur zu verlieren in einem fremden Land, das sie nicht kennen. Andere Religion, andere Kultur, andere Menschen, andere Sprache. Und dass sie deswegen hier so drauf pochen, ebendiese Werte beizubehalten, die sie aus ihren Ländern mitgebracht haben. Natürlich, Integration wollen sie auch. Sie wollen, dass ihre Kinder eine bessere Schulbildung, ein besseres Leben haben. Und deswegen sind sie so streng. Deswegen waren meine Eltern auch so streng. Sie hatten Angst, wir könnten irgendwie von diesem Weg abkommen. Dass wir die Chancen, die wir hier geboten bekommen, nicht wahrnehmen und irgendwas werden, was sie nicht gut finden. Gleichzeitig wollen sie auch, dass man nicht vergisst, wo man herkommt.« Fügt man den Frust der Eltern hinzu, verursacht vom Kampf der Erwartungen gegen die Realität, ist die überzogene Strenge von Eltern wie Hatices zwar nachvollziehbar, aber natürlich trotzdem bedenklich.

»Du musst dir vorstellen, in was für einer Situation die auch waren«, hakt Hatice ein. »Für uns war es selbstverständlich, was wir hatten. Klar, wir hatten nicht die perfekte Kindheit und waren arm, aber trotzdem ging es uns deutlich besser als meinen Eltern, als sie Kinder waren. Wir hatten immer Essen auf dem Tisch. Der kleine Bruder meines Vaters hat vor Hunger seinen eigenen Kot gegessen. Die hatten keine Bildung, die mussten mit vier Jahren auf dem Feld arbeiten. Da ist nichts mit: *Komm mal her, Mäuschen, alles wird gut.* Nee. Da herrschte einfach Strenge und Disziplin, um die Familie am Leben zu erhalten. Soll ich von so jemandem erwarten, dass er mit mir *Bibi Blocksberg* hört? Nee. Ich kann diesen Menschen trotzdem nicht böse sein. Ich weiß für mich heute, dass ich es besser machen kann – ja besser machen muss, weil das nicht optimal war. Aber das war mein Leben, ich akzeptiere es, ich liebe es, ich möchte es nicht tauschen.« Manchmal muss man sich selbst kneifen, um sich beim Zuhören zu vergewissern, dass man nicht träumt. Um sich klarzumachen, dass Hatice Verhältnisse beschreibt, die in vielen Teilen der Erde auch heute noch Alltag sind.

Hatices Familie ist diesen Verhältnissen entkommen. Die Erfahrung, vom gut behüteten Lankwitz ins raue Neukölln zu ziehen, war dennoch ein Rückschlag für sie, wenn auch auf einem ganz anderen Level. »Ich weiß nicht, wie es für meine Geschwister oder Eltern war, wir haben nie darüber gesprochen. Für meine Mutter war es sogar schön, denke ich, weil es hier so viele Ausländer gab und sie sich nicht mehr so isoliert gefühlt hat. Aber für mich war es einfach der absolute soziale Abstieg vom schönen Lankwitz nach Neukölln. Neukölln war zu der Zeit auch nicht so sauber und hip, wie es heute ist. Es war einfach richtig dreckig und räudig. Ich bin damals tatsächlich in Tränen ausgebrochen, weil ich das Gefühl hatte, das bedeutet nun wirklich ›unten ankommen‹. Der Abschaum der Gesellschaft.« Und sie war jetzt ein Teil davon.

Und damit wären wir wieder am Anfang unserer Geschichte und an dem Punkt in Hatices Leben angelangt, an dem sie allein auf dem Schulhof in Neukölln steht, in dieser neuen, lauten, dreckigen Welt, wo man ihr erst Schläge androht, bevor man nach ihrem Namen fragt. Sie hatte Angst, war in Panik – wie so oft in ihrem Leben zuvor schon. Aber in diesem Moment entschied sie sich, die Scheiße nicht mehr mitzumachen. Nicht mehr schwach zu sein. Nicht mehr Opfer zu sein. Egal von wem. Dann lieber Täter.

Statt sich von den Mädchen herumschubsen zu lassen, schloss sie sich ihnen an. Statt potenzielles Opfer zu bleiben, wurde sie Täterin. »Wir haben uns in Parks mit anderen Schulen getroffen und haben uns einfach geprügelt. Ich war voll auf Konfrontation aus und hab mir nichts mehr gefallen lassen«, erzählt sie von dieser Zeit. »Sobald man aufeinandertraf, flogen die Fäuste. Es blieb dabei auch nicht bei Haareziehen oder so was. Es ging immer darum, der Erste zu sein, der den ersten Schlag setzt. Eines Tages hat unser Schulleiter uns mal aufgefordert, alle Rucksäcke aufzumachen. Da kamen dann 'ne Menge Waffen zum Vorschein. Schlagstöcke, Schlagringe, Messer. Das war jetzt mein Schulalltag. Nicht mehr Bilder basteln und Sterne ausschneiden wie in Lankwitz. Das war die Hauptschule in Berlin-Neukölln.«

Das wilde Leben in einer Neuköllner Girl-Gang war jetzt ihr Leben. Hatice wurde zu einem dieser Kids, von denen uns die

BILD-Zeitung Schauergeschichten erzählte, die Heinz Buschkowsky Albträume verursachten und die Neukölln zu seinem zweifelhaften Ruhm verhalfen, der ihm bis heute immer noch anhaftet. Und es wurde zu ihrem Zuhause, ihrem Königreich und Jagdgebiet. Der Ort, an dem sie sich zum ersten Mal irgendwie ermächtigt fühlte – auch wenn das bedeutete, dass sie anderen schaden musste. Das lief eine ganze Weile mehr schlecht als recht so weiter, bis es zu einem weiteren Wendepunkt in Hatices Leben kam. Und zwar erneut auf dem Schulhof, der sie einst unfreiwillig so hart gemacht hatte.

»Wir waren auf dem Schulhof, und mein bester Freund hat sich mit einem Mädchen verbal angelegt und sie Schlampe genannt. Es war keine Seltenheit, dass man sich beschimpft hat. Nur hat er das an diesem Tag zur falschen Person gesagt. Sie gehörte einer großen arabischen Familie hier in Berlin an und muss wohl direkt einen ihrer Brüder angerufen haben. Als es zum Ende der Pause klingelte, wollten wir wieder in die Klasse rein. Wir waren die Letzten, die noch auf dem Hof waren. Ehe wir das Gebäude erreichen konnten, kam ein Typ mit einem Messer aus den Büschen gerannt und hat meinen Freund erst einmal übelst zusammengeschlagen. Der war schon gar nicht mehr bei sich. Das Mädchen, das mein Freund beleidigt hatte, kam dann angerannt und versuchte, ihren Bruder aufzuhalten. Dass es so eskaliert, hatte sie gar nicht gewollt. Ihr Bruder hat ihr daraufhin so eine geballert, dass sie sich einmal um sich selbst drehte und ohnmächtig zusammenbrach. Dann hat er auf meinen Freund eingestochen.«

Sie war ihr ganzes Leben lang und besonders in den Jahren vor diesem Vorfall schon einiges an Gewalt gewohnt. Aber das war ein anderes Niveau. Hier ging es nicht mehr um Schlägereien oder abgezogene Markenklamotten. Hier ging es um Leben und Tod. »Man kennt solche Szenen aus Filmen. Aber wenn man das dann plötzlich so wirklich, in echt sieht, ist das was ganz anderes. Das war für mich der Punkt, wo ich mir gesagt habe, den Scheiß will ich nicht mehr.«

Der Freund überlebte den Angriff glücklicherweise, und Hatice verabschiedete sich von ihrem Leben als Schlägerbraut. Sie absolvierte ihren Hauptschulabschluss und war bereit, ein richtiges Leben zu beginnen. Schule machen, Arbeit finden – so wie es sich ihre Eltern immer vorgestellt hatten. Da gab es nur mal wieder ein Problem. Und das Problem hieß Deutschland.

»Von der siebten Klasse bis zur neunten, also bis zu meinem Abschluss, habe ich ein Kopftuch getragen. Als Ausländer-Mädchen mit Kopftuch und einem sehr schlechten Schulabschluss sind die Chancen gleich null, einen Ausbildungsplatz zu bekommen.« Es war ein langer und frustrierender Weg bis zur Erkenntnis, dass sie es mal wieder etwas schwerer haben sollte als die Kids, die ihr damals die Hose runterzogen und über ihre Unterhose lachten. Die einfach durch die Wasserstrahlen des Rasensprengers rennen konnten. Deren Lehrer sich für sie interessierten. Die Empfehlungen für gute Schulen bekamen, wenn sie gute Noten hatten. Deren Karrierechancen nicht an einem Stück Stoff hingen.

»Ich habe mich immer wieder beworben. Als Tierpflegerin, aber dafür wollten sie sogar schon Abitur haben. Dann immer wieder als Hebamme, da hatte ich sogar sechs Wochen unentgeltlich ein Praktikum gemacht. Aber immer Absagen, immer Absagen. Irgendwann hat eine Hebammenschwester mich angerufen und mir den Tipp gegeben, mich lieber als Krankenschwester zu bewerben. Da hab ich mich bei allen möglichen Krankenpflegeschulen in Berlin beworben: Absagen, Absagen, Absagen. Irgendwann habe ich mich gefragt, ob es vielleicht einfach am Kopftuch liegt.«

Sie beschließt, ein Experiment zu wagen. »Ich ging zum Fotoautomaten, nahm mein Kopftuch in der Kabine ab und machte neue Bewerbungsfotos ohne Kopftuch. Ich druckte dieselbe Bewerbung, die ich zuvor immer verschickt hatte, noch mal aus und klebte diesmal das Foto ohne Kopftuch darauf und schickte das Ganze an dieselbe Schule. Zwei Tage später hatte ich ein Einstellungsgespräch. Ein Jahr später war ich in der Ausbildung.« Allein solche Geschichten zu hören ist für eine Person ohne Diskriminierungserfahrung schwer zu ertragen. Dass Hatice vor ihre Entscheidung, die sie gleich erläutern wird, überhaupt gestellt wurde, ist skandalös. Aber wahr.

»Ich musste jetzt entscheiden: Entweder willst du deinen Hijab, weil du standhaft und überzeugt bist, oder du bleibst ein Leben lang arbeitslos. Gelegenheitsjobs – wenn überhaupt. Für mich war der Job wichtiger. Ich wollte etwas aus mir machen. Ich wollte mehr, ich musste weitermachen. Ich wollte nicht wegen meines Kopftuchs in dieser Gesellschaft scheitern.«

Also nahm Hatice ihr Kopftuch ab, obwohl sie es eigentlich nicht wollte. In ihrer Geschichte gibt es keine vom Kopftuch unterdrückte muslimische Frau, sondern eine Gesellschaft, die sie dazu drängte, das Kopftuch abzulegen. »Es war sehr schlimm für mich, das Kopftuch abzunehmen«, erzählt Hatice. »Wenn du es so lange trägst, dann ist es ein Teil von dir. Das ist nicht nur einfach ein Tuch oder eine Kopfbedeckung. Ich habe mich nackt gefühlt. Ich hatte das Gefühl, ich verrate die muslimische Community. Ich fühlte mich, als hätte ich einen Teil meines Glaubens abgelegt – obwohl das ja gar nicht so war. Ich habe mich beobachtet gefühlt, in der S-Bahn, dachte, jeder guckt mich an. Natürlich war das nicht so, aber so fühlst du dich halt.«

Im Gegensatz zu ihr selbst hatte ihre Familie kein Problem damit, dass Hatice ihren Hijab ablegte. Klischees, angebliche Gewissheiten und Vorurteile sind eben immer auch da, um vom echten Leben gebrochen zu werden. »Meiner Familie waren Schulbildung und Arbeit superwichtig, deswegen verstanden sie meine Entscheidung total. Meine Mutter schlug mir vor, dass ich das Kopftuch einfach in der Ausbildung nicht trage, aber in der Freizeit schon. Das hat für mich aber keinen Sinn gemacht, und das war auch in Ordnung für sie.«

Einige Zeit nachdem Hatice ihr Kopftuch abgelegt hatte, sollte sie mit der Heirat ihres Mannes noch etwas anderes, doch auch ziemlich identitätsstiftendes ebenfalls aufgeben: ihren Nachnamen. Auch wenn es ihr nicht so schwerfiel, ihren Familiennamen abzulegen wie das Kopftuch damals, winkte auch hier wieder ein Vorteil, der eigentlich keiner sein sollte, sondern eine Selbstverständlichkeit: Gleichberechtigung.

»Das hat sehr vieles einfacher gemacht«, sagt sie, bevor sie zu einer weiteren Anekdote ansetzt: »Ich hatte erst vor Kurzem wieder so einen Vorfall. Ich wollte einen Arzttermin ausmachen. Die Arzthelferin war am Telefon supernett. Ich so: *Ja schönen guten Tag, Schmidt mein Name. Ich hätte gern einen Termin.* Und sie so: *Ja, super. Bringen Sie doch schon mal all ihre Befunde mit.* Ich so: *Mache ich. Alles klar!* Ich habe das dann aber nicht geschafft, also hat mein Mann Sebastian die Befunde vorbeigebracht. Dann haben die sich dort die Befunde angeguckt und meinen Vornamen gesehen. Daraufhin fragte dieselbe Arzthelferin:

– *Spricht Ihre Frau Deutsch?*
Mein Mann: Ja, sie spricht Deutsch.
– *Aber so richtig Deutsch?*
– Ja, Sie haben doch mit ihr telefoniert!
– *Na ja, weil wir behandeln hier keine Patienten, die kein Deutsch sprechen.*

Es ist der Alltagsrassismus, vor dem die meisten ihre Augen verschließen. Es sind diese Momente, die manchmal mehr wehtun als irgendein Schimpfwort. »Mit Schmidt war also alles gut. Aber mit dem Vornamen Hatice war es gleich so: Spricht die Alte Deutsch? Das war total schockierend für meinen Mann. Der kannte das nicht, Diskriminierung zu erfahren. Er wusste nicht, wie es sich anfühlt, aufgrund seines Namens, also seiner Herkunft, diskriminiert zu werden. Als er nach Hause kam, war er völlig fertig und richtig wütend. Ich fand das normal.«

Wie schon beim Kopftuch hatte Hatices Familie abermals kein Problem mit der Veränderung in ihrem Leben und damit, dass ihre Tochter einen Deutschen heiratete. »Ich war davor fast sieben Jahre mit einem Palästinenser zusammen gewesen, und die Beziehung war komplett geheim. Seine Familie hatte gesagt, dass, wenn er mich heiratet, sich seine Mutter anzünden würde. Sieben Jahre Beziehung geheim zu halten ist fast unmöglich. Mit Sebastian wollte ich das einfach nicht mehr. Ich hatte keinen Bock mehr auf Geheimnisse. Also habe ich meinen Eltern direkt von ihm erzählt. Sie fanden das schön, wollten gleich ein Foto sehen. *Ja, schön, hübscher Mann, soll er doch mal herkommen.* Und das war's dann!«

Für ihren Mann verließ Hatice Berlin und zog nach Bielefeld. Diesen ersten Moment, als sie im vergleichsweise kleinstädtischen Bielefeld ankam, kann man vergleichen mit dem Moment, als Hatice nach Neukölln kam. Nur um 180 Grad gedreht. Während Neukölln damals für sie das Sinnbild von »unten angekommen sein« war, erschien ihr Bielefeld wie das Symbol für »es geschafft haben«. Der alte Witz, dass Bielefeld nicht existiert, hat sich bei ihr ins Gegenteil verkehrt. Für sie war es das Ziel aller irdischen Träume. »Bielefeld war das, was ich mir immer erträumt habe, als ich noch in Neukölln gelebt habe: super rich, super clean, super German«, sie lacht dabei. »Raus aus diesem Dreck, diesem Kaputt. Ich wollte einfach ein gutes Leben haben, und das hatte ich in Bielefeld: Cerankochfeld, saubere Wohnung und einen deutschen Mann, der gutes Geld verdient.« Klingt spießig. Aber nur für jemanden, der ein Cerankochfeld und einen guten Monatslohn als Normalität kennt.

*Für mich war der Job
auf jeden Fall wichtiger.*
Hatice Schmidt

Ein richtiges Zuhausegefühl wollte sich dennoch nie so wirklich einstellen. Irgendwie fehlte ihr der Dreck, das Kaputt, eben ihr Neukölln. »Ich liebe Neukölln, die Vielfalt, das Essen. Hier sind meine Eltern, hier ist mein Zuhause. Für mich ist Neukölln alles, was mich ausmacht, auch als Mensch. Neukölln ist irgendwie genau das: kaputt, aber heute eben auch Glamour. Das beschreibt mich eigentlich am besten: ein bisschen kaputt, ein bisschen Glamour.«

Der Glamour kam im selben Gewand wie die meisten Wendepunkte in Hatices Leben. Aus einem negativen Erlebnis zog sie die Energie, sich zu ändern. »Bielefeld bedeutete neben all dem Positiven auch: neue Stadt, keine Leute, keine Familie. Ich habe mir dann ein Jahr Auszeit genommen, um zu gucken, was ich eigentlich machen will. Ich wollte nicht mehr in meinen Beruf als Krankenschwester zurück, mit Schichtdienst und der schlechten Bezahlung. Ich brauchte einfach erst mal ein Jahr, um klarzukommen. Ich hab dann also diese Videos geguckt von einer Brasilianerin, die immer kunterbunte Looks geschminkt hat. Blau, gelb, rot, grün«, erzählt Hatice von ihrem ersten suchenden Schritt in die Welt der Beauty-YouTuber. Eine Welt, die sie einige Jahre später in Deutschland selbst dominieren sollte.

»Ich fand das so toll, und da meinte Sebastian zu mir: *Mach das doch auch!* Also bin ich in die Drogerie gegangen, hatte keine Ahnung von irgendwas. Dort kaufte ich mir eine getönte Tagescreme, die viel zu dunkel war. Zurück zu Hause, hab ich mich dann auf den Boden gesetzt vor Sebastians Kamera und Stativ und hab mich einfach gefilmt.«

Für Hatice war das keine Selbstverständlichkeit. In ihrem bisherigen Leben hatte sie sich wenig mit Schminke, Lifestyleprodukten und dem ganzen Kram beschäftigt, den Frauenzeitschriften ihren Konsumentinnen als lebenswichtig verkaufen. »Als ich das Kopftuch abgenommen habe, fing ich überhaupt erst an, mir andere Frauen anzugucken und wie die so rumlaufen. Ich begann, Mascara zu tragen und mich ein bisschen figurbetonter anzuziehen – alles, wofür ich mich vorher in Grund und Boden geschämt hätte.«

Und mit der Zeit bemerkte sie, dass es ihr Spaß machte, mit Make-up zu experimentieren, sich einen neuen Look zu schminken, sich vor dem Spiegel zu verändern. »Das musste sich bei mir erst entwickeln. Das hab ich erst durch YouTube kennengelernt«, beschreibt Hatice ihren Werdegang zu einer der einflussreichsten deutschen Beauty-YouTuberinnen. »Ich versuche immer zu kommunizieren: *Ey Leute, ich mache das nicht, weil die Gesellschaft etwas von mir will oder weil ich mich dann besser fühle.* Nee. Ich mache das, weil ich Lust drauf habe. Auf viele Shootings, Drehs, Events gehe ich auch ungeschminkt. Ich mache das nur, wenn ich Lust drauf habe. Ich mag diese Veränderung, sich zu verkleiden. Ich bin heute ein ganz anderer Typ als früher, und das zelebrier ich in vollen Zügen, auch wenn meine Eltern mich manchmal echt schief angucken«, sagt sie lachend, während wir die Werkstatt ihres Vaters betreten. »Meine Eltern verstehen nicht so wirklich, was ich mache.«

Den meisten von uns, die Berufe ausüben, die mehr oder weniger mit dem Internet zu tun haben, geht es vermutlich ähnlich. Ihr Vater hätte sich gewünscht, dass alle seine Kinder Mediziner werden. »Als Mediziner hilft man Tausenden Menschen«, sagt er ganz offen, während wir ihn besuchen, und Hatice verdrückt ein paar Tränen, als er das sagt, während er in seinem blauen Kittel zwischen seinen Werkzeugen steht. Aber nicht, weil sie es »nur« zur Krankenschwester gebracht hat, sondern weil da noch etwas folgt. »Aber ich bin stolz auf sie. Sehr stolz.« Es ist ein ehrliches Kompliment und ein Moment, der an Wahrhaftigkeit kaum zu überbieten ist. Denn wofür machen wir das alles? Für die Leser? Für die Follower? Für die Fans? Oder will man am Ende des Tages nicht vielleicht einfach nur, dass die Eltern stolz auf einen sind? »Ich habe die besten Eltern der Welt«, sagt sie leise und streichelt den Arm ihres Vaters hinter seinem Rücken, sodass man es kaum sieht.

Aber da ist eine nicht zu übersehende Verbindung, trotz der harten Kindheit, trotz der Abwesenheit des durchgehend arbeitenden Vaters, trotz allem. »Drück den Papa nicht zu doll, sonst fällt er noch um«, antwortet ihr Vater und dreht sich leicht verschämt weg. Interviews und Kameras bleiben eine fremde Welt. »Am Anfang meinten meine Eltern schon: *Kind, such dir doch 'nen richtigen Job.* Es gibt ja dieses Format *Haul*, und meine Mutter konnte am Anfang gar nicht verstehen, dass ich Sachen kaufe und dann im Internet zeige, was ich gekauft habe. Für sie war das Angeberei. Dabei ist das einfach nur ein Format. Aber jetzt nach sieben Jahren merken sie schon, irgendwie läuft das gut, manchmal sehen wir die im Fernsehen oder in Büchern, also muss das ja ganz gut sein. Stellen sie sich dann auch schön aufs Sideboard«, sie lacht wieder.

Der Erfolg wuchs, doch das Heimweh nach Berlin blieb. Manchmal muss man sich triumphale Entwicklungen wie die von Hatice Schmidt anhand eines klaren Vergleichs vergegenwärtigen, um sie wirklich zu verstehen. Würde man alle Menschen an einem Ort versammeln, die Hatice heute auf ihrem

YouTube-Kanal folgen, müsste man zehn Fußballstadien nebeneinander bauen und bis aufs letzte Ticket ausverkaufen. Hatice hat Bemerkenswertes geleistet. Selbst für jemanden, der nicht annähernd die Anstrengungen durchleben musste, die einen Großteil ihres Lebens bestimmten, wäre dies eine beeindruckende Leistung. »Ich bin richtig stolz auf mich. Ich ziehe manchmal selbst den Hut vor mir«, sagt sie, und diesmal lacht sie nicht.

Neben ihren Hunderttausenden Fans hat sie ein eigenes Buch verfasst und ihr eigenes Kosmetikunternehmen gegründet. Es ist nicht übertrieben zu behaupten, dass es kaum eine inspirierendere Figur im deutschen Beauty-YouTube-Kosmos gibt als Hati, wie sie ihre Fans liebevoll nennen. Und das ist auch der Punkt, der ihr persönlich am wichtigsten ist: andere Frauen zu inspirieren. »Bei der Buchmesse in Frankfurt kamen Mädels zu mir, die meinten: *Mit deiner Geschichte habe ich mich motiviert gefühlt. Einfach zu lesen, dass da jemand ist, der es echt nicht so einfach hatte, aber immer weitergemacht hat. Das inspiriert mich.* Das sind die schönsten Komplimente, die man mir im Leben machen kann. Ich will den Leuten eine Message mitgeben: Macht, was euch glücklich macht, nicht, was andere von euch wollen. Jedes Leben ist anders. Jede Person ist anders, und es gibt immer einen Ausweg. Nur jeder muss den für sich selber finden.« Wo dieser Weg Hatice als Nächstes hinführen wird, ist noch offen. Aber ziemlich sicher wird Neukölln auf der Strecke liegen.

Massiv
Ich bin Deutschlandfan, seit ich denken kann

Herr Taha ist Doppelflüchtling. Als wäre es noch nicht genug, aus einem Land fliehen zu müssen. Zuerst wandert er Anfang der 80er-Jahre aus Palästina in den Libanon aus, von dort geht es später nach Deutschland. Er will sich etwas aufbauen, eine Familie gründen. Ganz normale Träume. Der Mann entspricht nicht den gängigen Klischees, die der ein oder andere vielleicht von Flüchtenden hat. Glaubt man dem Bild, das die Zeitungen mit den fetten Buchstaben uns vermitteln, dann kommen die Menschen, die hier Zuflucht suchen, oft aus Ländern, in denen man in Höhlen wohnt und auf Kamelen reitet. So war das schon in den 80ern, und so ist das auch heute noch. Nur dass sich inzwischen ein paar neue Fragen dazugesellt haben: Warum diese Menschen denn Smartphones haben, wenn es ihnen so schlecht geht? Warum sie nicht vollkommen zerschunden auf der Straße stehen, wie sie die weite Reise finanzieren konnten? Warum hierzulande mehr Männer als Frauen ankommen? Die meisten Deutschen haben offenbar vergessen, wie schnell und kompromisslos der Krieg ein Land zerstören kann. Wie aus der geliebten Heimat plötzlich eine zerbombte Kraterfläche wird.

Doch Herr Taha hat das alles am eigenen Leib erfahren. Den libanesischen Bürgerkrieg, die Zerstörung und die Widerstände auf der Suche nach einem neuen Leben. Die Vorurteile in seiner neuen Heimat. Er hat zehn Jahre lang Telekommunikationstechnik im Ausland studiert. Im Irak, in Jordanien, in Libyen. Bisher war er stolz auf seine Bildung und seine Leistungen. Doch in Deutschland werden die Diplome nicht anerkannt. Alles steht wieder auf null. Er macht sich auf die Suche nach Jobs, durchforstet die Tageszeitungen.

Einmal muss er drei Tage Probe arbeiten, und weil die Arbeitsstelle über hundert Kilometer entfernt ist und er früh am Morgen anfangen muss zu schuften, schläft er auf einer Parkbank im Wald. Drei Nächte nacheinander, bei Eiseskälte. Irgendwann beginnt er bei der Müllabfuhr zu arbeiten, ein verhältnismäßig gut bezahlter Job, auch wenn er vollkommen überqualifiziert für diesen Beruf ist.

Ein Jahr nach seiner Ankunft holt er seine Frau nach. Sie leben jetzt gemeinsam in Pirmasens. Einst war die Stadt an der französischen Grenze eine erfolgreiche Schuhmetropole. Im Rekordjahr 1969 beispielsweise wurden hier in rund 300 Fabriken über 60 Millionen Paar Schuhe hergestellt. Man erzählt sich, dass jeder dritte Pumps, Stiefel oder Lederschuh, der in Westdeutschland getragen wurde, aus Pirmasens kam. Ob das exakt so stimmt, ist nicht bekannt, aber die Einwohner sind stolz auf ihre Erfolge.

Die Stadt passt zum neuen Leben der Tahas. Sie wollen sich etwas Ehrliches aufbauen, ganz normale Arbeiter werden, das Beste aus dem neuen Leben machen. Vor allem aber wollen sie eine Familie gründen und sesshaft werden. Am 9. November 1982, einem Datum, das damals wie heute für diverse Wendepunkte in der deutschen Geschichte steht, kommt ihr Sohn zur Welt: Wasiem Taha.

38 Jahre später steht Wasiem Taha vor seinem eigenen Sportgeschäft in Berlin und lehnt sich an seinen schicken roten Audi Sport. Der Mann ist eine enorme Erscheinung, wenn er im richtigen Winkel vor einem steht, verdunkelt sich die Sonne. Im wahrsten Sinne des Wortes. Er spricht mit einer ruhigen,

warmen Stimme, ist höflich und lächelt. Passanten und Freunde aus dem Kiez grüßen ihn, kleine Kinder kommen angelaufen und starren den 130-Kilo-Mann mit dem Hulk-Körper mit offenem Mund an. Wasiem trägt mittlerweile einen Künstlernamen: Er nennt sich Massiv. Mit diesem Namen wurde der privat immer freundliche Mann einer der kontroversesten, härtesten und bekanntesten Rapper des Landes.

Als Deutschland zu Beginn der 2000er-Jahre von der Gangsta-Rap-Welle aus Berlin erfasst wurde, mischte er ganz vorne mit. Mittlerweile hat er sogar noch ein weiteres Alter Ego namens Lativ. Seitdem er in der international erfolgreichen Serie *4 Blocks* die gleichnamige Rolle verkörpert, fällt es vielen noch schwerer, zwischen Realität und Fiktion zu trennen. Wasiem wurde zu Massiv, Massiv wurde zu Lativ. Auch die Kinder auf der Straße reden ihn mittlerweile oft mit »Lativ« an. Die Übergänge der verschiedenen Rollen, die er verkörpert, sind längst fließend. Und trotzdem weiß Wasiem sehr genau, wer er ist und wo er herkommt. Schließlich wurde er seit jeher immer wieder daran erinnert.

»Ich bin nicht das beste Beispiel für geglückte Integration« sagt er, während ein Zahnstocher gekonnt im Mund herumwandert. »Ich war schon damals der einzige braune Junge in der Schulklasse. Und auch beim Nachhilfeunterricht danach im Nardinihaus.« Das Nardinihaus in Pirmasens ist ein Erziehungsheim, das unter anderem auch als Hort fungiert. Wasiem nennt das Gebäude »das Kloster«, es wird von der katholischen Kirche betrieben. »Im Kloster war ich dann auch noch der einzige Muslim. Da hatte ich immer ein bisschen daran zu nagen und zu kämpfen, dass ich anders bin als die anderen. Und damit bin ich dann auch groß geworden, mit dieser Andersartigkeit.«

Bilder aus seiner Kindheit zeigen einen hübschen Jungen mit wachen Augen. Ein Junge, dessen Eltern als »Asylanten« viel ertragen, weil sie vor allem eines wollen – ein besseres Leben:

Du standest Schlange bei der Caritas
Du warst geduldig Mama,
danke für den gut gefüllten Kleiderschrank
Stolze Mütter bringen Kinder in den Kindergarten
Wir waren Asylanten mit nem ganz kaputten Kinderwagen
Massiv, »Mama«, 2008

Dennoch fühlt er sich nicht wohl in seiner Haut. »Von der Grundschule in die Hauptschule, von einer Schlägerei in die andere. Ich hab nie so richtig Anschluss gefunden oder beste Freunde gefunden – bis dann die erste Flüchtlingswelle kam.« Wasiem spricht von den frühen 90er-Jahren. Damals machten sich viele auf den Weg nach Deutschland. Kein Wunder, es herrschte schließlich Krieg auf dem Balkan, und die Sowjetunion brach zusammen. Zwischen Äthiopien und Eritrea wüteten Grenzstreitigkeiten, ebenso zwischen Burkina Faso und Mali. In Burundi tobte ein Bürgerkrieg, genauso wie im Kongo, in Simbabwe und im Senegal.

Die Ströme der Geflüchteten verteilten sich auf der ganzen Welt. Und einige verschlug es auch nach Pirmasens. »Erst Mitte der Neunziger hatte ich dann den ein oder anderen Freund, mit dem ich um die Häuser gezogen bin. Gemeinsam haben wir dann auch angefangen, Mist zu bauen und zu klauen. Man kann schon sagen, wir sind auf die schiefe Bahn geraten. Ich glaube, bis zu meinem neunzehnten Lebensjahr sind über vierzig Anzeigen bei uns zu Hause reingeflattert. Da hat sich einiges angehäuft.«

Der Vater wirft schon mal mit seinen Pantoffeln nach dem kriminellen Sohn, wenn wieder ein Schreiben der Polizei durch den Briefschlitz gesteckt wird. Für ihn ist es unverständlich, warum sein Kind solche Probleme macht. Sie haben doch alles. Ein Dach über dem Kopf, etwas zu essen auf dem Tisch. Und doch, trotz des materiellen Wohlstands und der vordergründigen Unbeschwertheit, fehlt dem Sohn etwas. Das Gefühl, dazuzugehören, anerkannt zu werden, etwas reißen zu können.

»Aber eigentlich haben sie immer zu mir gestanden und gesagt: *Hey, du findest noch was, was dir gefällt. Du musst nur Geduld haben.* Diese Gewissheit habe ich immer in mir getragen, irgendwann etwas zu finden, was mir gefällt.« Nach der Hauptschule beginnt Wasiem fünf verschiedene Ausbildungen. Verfahrensmechaniker, Fliesenleger, Kaminofenbauer, Maler und Lackierer. Aber nichts davon sagt ihm zu, er bricht sie alle ab oder wird wegen Fehlstunden gefeuert. Nächtelang grübelt er, wie seine Zukunft aussehen könnte.

Es ist nicht nur die Unsicherheit, das eigene Leben betreffend, die ihn oft nachdenklich stimmt. »In meiner Jugend habe ich viel mitbekommen, gerade was das Thema Rassismus angeht. Wenn ich zum Beispiel in meinem Kinderzimmer lag und aus dem Nachbarzimmer gehört habe, wie *SPIEGEL TV* anfängt, das war schlimm. Das hat sich eingeprägt. Fast immer, wenn ich die Sendung nachts mitschauen durfte, kamen irgendwelche Berichte über Skinheads, die Molotowcocktails schmeißen oder so. Das hat schon eine gewisse Panik verursacht, weil es in unserer Umgebung, also in Pirmasens, auch sehr viele Nazi-Gruppierungen gab. Die sind nachts durch die Straßen gezogen, vollkommen besoffen, und haben laut geschrien: *Ausländer raus!* Wir haben die auch randalieren gehört nachts. Das war eigentlich Alltag. Meine Eltern und Freunde hatten sich daran gewöhnt. Wir waren nun mal Fremde in einer Kleinstadt.« Deutscher Alltag, den viele nicht sehen wollen.

Pirmasens war zu dieser Zeit schon lange nicht mehr die erfolgreiche Schuh-Stadt. So gut wie alle Fabriken mussten schließen, die Industrie brach beinahe komplett weg. Als Mitte der 90er auch noch das zweite Standbein der Stadt, der US-Militärstützpunkt, schließt, machten sich noch mehr Tristesse und

Engstirnigkeit breit. Wasiem beginnt eine Lehre als Gabelstaplerfahrer. Ein letzter Versuch. Und siehe da: Er liebt es. »Der Gabelstapler-Job war für mich damals das Gleiche, als wär ich Pilot geworden. Das war wie ein Traum. Ich hab den Schein gemacht und wusste: Das hier will ich mein ganzes Leben lang machen. Aber ich wurde rausgekickt, ohne Erklärung. Komplette Arschkarte. Obwohl ich jeden Tag pünktlich da war. Ich habe noch nicht mal meinen Urlaub in Anspruch genommen. Ich hab da extrem dran gehangen. Du trägst Kopfhörer, hörst Musik, machst dein Ding. Man bekommt eine Liste, welchen Lkw man bis wie viel Uhr leer haben muss, bis wann man sein Lager auf Vordermann zu bringen hat. Das hat mir gefallen. Ich war gefühlt mein eigener Boss. Und dann – einfach vorbei. Von einem Tag auf den anderen. Das Einzige, was mir Spaß gemacht hat, das wurde mir wieder weggenommen.« Der nächste Gedankenschritt des jungen Mannes ist nicht unbedingt naheliegend. »Da hab ich mir gesagt, ich versuch jetzt etwas komplett Krankes und werde Rapper.«

Innerhalb von zwei Wochen nimmt er ein paar Tonspuren auf und schickt sie quer durch die Republik. An sich ein vollkommen hoffnungsloses Unterfangen, zu Beginn der 2000er wird der Markt bereits überschwemmt von Künstlern, die möglichst schnell der neue Sido oder Bushido werden wollen und sollen. Die Plattenfirmen sind gut aufgestellt. Doch es passiert etwas, mit dem wohl nur Wasiem beziehungsweise Massiv selbst fest gerechnet hatte: Die Labels antworten ihm. Er zieht nach Berlin, in die Stadt, die damals der absolute Dreh- und Angelpunkt der kommerziell erfolgreichen Hip-Hop-Szene ist. Es ist ein Novum, dass ein Rapper von außerhalb in die gefürchtete Hauptstadt kommt und nicht sofort angefeindet wird. Lokalpatriotismus wird hier großgeschrieben, Kennedys Worte: »Ich bin ein Berliner« gelten etwas. Massiv ist der Neue, der erst mal niemanden kennt.

Doch er ist sofort Feuer und Flamme für die Stadt. »Ich traf in Berlin zum ersten Mal Menschen jeglicher Herkunft, verschiedener Farben, verschiedener Religionen. Du kannst hier an jeder Ecke unterschiedliche Nationalgerichte aus aller Welt essen. Die ganze Geschichte, die Berlin hat, die fühlt man tagtäglich und an jeder Ecke, wenn man hier seine Runden dreht. Ich wusste das sofort zu schätzen. Das ist keine normale Stadt, sondern wirklich die einzige Weltstadt in Deutschland. Die einzige Stadt, die auch wirklich etwas gibt und nicht nur nimmt.«

Kurze Zeit später steht er beim Underground-Label Horrorkore unter Vertrag, doch er hat Größeres vor. »Sechs Monate später hab ich bei Sony unterschrieben. Der Rest ist Geschichte.« Und was für eine Geschichte. Die Zeit rast, im Nachhinein kommt ihm alles vor wie ein zu schnell abgespulter Film. Der Junge, der eben noch in Pirmasens in seinem Kinderzimmer saß und Gabelstaplerfahrer werden wollte, steht nun mit Sido gemeinsam bei MTV auf der Bühne, der *SPIEGEL* berichtet auf mehreren Seiten über ihn, die großen Bosse der Plattenfirmen klingeln bei ihm an, wollen sich treffen. Massiv ist jetzt mittendrin in der Welt, die er bis vor Kurzem nur aus dem Fernsehen kannte, steht im Scheinwerferlicht, in der Manege des Rap-Zirkus.

Und er kann sich Stück für Stück durchsetzen, holt sich sein Hak (türkisch für Recht oder Anteil), wie man in den Großstädten mittlerweile so schön sagt. Verteilungskämpfe sind trotzdem an der Tagesordnung. »Die Situation war ja klar: Diese Art von Musik, die ich gemacht habe, haben andere Leute auch gemacht. Und jeder wusste, dass der Kuchen nicht unendlich groß ist.« Er muss sich etablieren, so zügig wie möglich. »Ich habe dann einen Song über den Bezirk gemacht, in dem ich gelebt habe, der mir auch sehr schnell ans Herz gewachsen ist: Berlin-Wedding.« Er schreibt die ultimative Ghetto-Hymne, das »Ghettolied«. Der Track geht sofort durch die Decke:

Ihr wollt ein Ghettolied auf einen Ghettobeat?
Komm nach Wedding, dann wisst ihr, wo das Ghetto liegt.
Das ist mein Bezirk, geh von hier nicht weg.
Liebe meine Brüder, widme ihnen diesen Track.
Massiv, »Ghettolied«, 2006

»Das hat so polarisiert, dass ich auf einmal den Wedding auf die Karte gebracht habe und jeder was mit diesem Bezirk anfangen konnte. Vereinzelt sahen die Leute nicht den Song im Vordergrund, sondern fragten sich, wie ich von außerhalb kommen und den Wedding repräsentieren kann. Aber letztendlich entscheidet gute Musik. Das habe ich immer versucht zu erklären, wenn dieses Thema angesprochen wurde.«

Massiv wird von den Labelbossen als ultimativer Bösewicht aufgebaut, sein Äußeres ist dabei alles andere als hinderlich. Er tätowiert sich fast den gesamten Körper zu, seine Texte gehen ans Limit, sind noch brutaler und kompromissloser als die der bereits etablierten Straßenrapper. Die Presse liebt die Geschichten rund um die rappenden Bad Boys, die beinahe täglich neue Skandale liefern. Und so verkaufen sich Streitigkeiten oft besser als die eigentliche Ware, die Musik. Doch Massiv bedient beide Seiten. Er liefert den Soundtrack für die Straße und die Schlagzeilen für den Boulevard. Schnell ist er omnipräsent.

»Die Art von Musik, die ich gemacht habe, hat aber auch einen Rattenschwanz hinter sich hergezogen. Das war nicht gerade gemütlich. Trotzdem hab ich das durchgezogen, weil ich wusste, diesen Weg musst du gehen, um etwas zu erreichen. Ich hatte ja auch meine Eltern mitgenommen, die zuvor einen festen Arbeitsplatz hatten.« Erneut sehen sich seine Mutter und sein Vater mit einer unbekannten Welt konfrontiert, wenn auch im gleichen Land. »Die saßen plötzlich in Berlin in einer kleinen Wohnung, und ich hatte ihnen versprochen, bald kommt der große Vertrag.«

Es bedarf wahrscheinlich jeder Menge Selbstbewusstsein, um eine solche Entscheidung zu schultern. Aber Wasiem zweifelt nicht eine Sekunde an seinem Erfolg. Man mag das naiv nennen, aber die Sieger schreiben nun mal die Geschichte. Jeden Tag beruhigt er seine Familie, erklärt ihnen, dass es nicht mehr lange dauern würde, bis der erste Scheck im Briefkasten landet. Der Vater und die Mutter vertrauen ihm, und Wasiem soll recht behalten. Der Vertrag und damit der erste große Scheck kommen, wenngleich die Möglichkeit des Scheiterns wohl immer präsent war, auch im engsten Umkreis und gerade im Wedding:

Stolze Väter erziehen die Söhne mit 'ner harten Faust
Jeder endet als ein Drogenticker
An der Nadel hängend oder 15 Jahre hinter Gitter
Selbst mein Bruder hockt ein Leben lang
An einem Ort, wo ein Mensch nicht leben kann
Massiv, »Wenn der Mond in mein Ghetto kracht«, 2006

»2005 war dann mein musikalischer Durchbruch.« Er lacht. »Obwohl meine Kunst zu diesem Zeitpunkt gar nicht mal so krass war. Aber die Atmosphäre war halt gigantisch. Du hast da einen Typ, der ist 130 Kilo schwer. Der sieht so aus, wie kein anderer Rapper aussieht, und der macht, was kein anderer Rapper macht. Und dann kommt der mit seinem eigenen Jargon um die Ecke, dieses *Hamdullah, Inshalla, Habibi* … Das gab's vorher nicht, das war eine Riesenwelle, die da ausgebrochen ist. Zum ersten Mal hörten die Kids einen deutschen Rapper, der über sein Heimatland rappt, der über Ehre rappt, der über Stolz rappt. Vorher war das einfach nur representen und fertig. Und diesmal kam wirklich einer, der auf einmal im Hintergrund vierzig Leute hat, die die Fahnen schwenken und darüber reden, woher sie kommen.« Massivs Lyrics sind hier stilbildend:

> *Wir stemmen Hanteln bei McFit*
> *Unsre Muskeln explodier'n,*
> *wir sind breitgebaut und hektisch*
> *Bau mir 'ne Festung und denke mir Inshallah*
> *Wird der Traum wahr – Massiv macht den Traum wahr!*
> Massiv, »Ghettolied Intifada«, 2013

»Dieses Arabische, alles Drum und Dran, das war alles neu in dieser Form. Heutzutage ist das gang und gäbe. Heute rappen alle unsere Kollegen so. Eben genau so, wie sie auf der Straße miteinander reden. Die deutsche Community googelt das dann nach, findet raus, was das bedeutet, und findet das geil. Aber als ich damit anfing, war das wirklich ein Kulturbruch, das war neu.«

Seine Fans findet man damals wie heute quer durch alle Schichten. Egal ob Bonzensohn oder Arbeiterkind, Massiv polarisiert. Auch Nationalitäten spielen keine Rolle, die Migrantenkids feiern ihn als einen der Ihren, die deutschen Jugendlichen sind fasziniert von dem Spektakel, das er um sich herum inszeniert. Und was die Eltern schockt, war sowieso schon immer angesagt. Die Maschinerie rollt jetzt unaufhörlich weiter. Aufstehen, Interviews geben, zu Auftritten oder ins Studio fahren, nebenbei noch die unzähligen Streitigkeiten mit anderen Rappern oder deren Beschützern klären.

Einige Jahre geht das gut. Doch auf dem Höhepunkt des ausufernden Rap-Kriegs in Berlin, in dem beinahe monatlich neue

Fronten gezogen wurden, wird Massiv angeschossen, mitten auf der Straße, als er in sein Auto steigen will. Plötzlich ist er es, der auf SPIEGEL TV zu sehen ist, mit Einschusslöchern im Oberarm. So wie 50 Cent, der zeitgleich in Amerika den Rap-Markt dominiert und mit seinen neun Einschusslöchern im Oberkörper die weißen Vorstadtkids begeistert. Die Grenzen zwischen realer Lebensgefahr in den Armenvierteln und Entertainment sind dort fließend.

Und nun Deutschlands erster Rapper mit Schusswunden. Das Interesse ist verständlicherweise riesig, doch die Täter werden nie gefasst. Eine Zeit, die er nicht vermisst. Eine Zeit, in der mancher vielleicht geflohen wäre, zurück in die Arme der ruhigen Kleinstadt. Doch Massiv geht einfach stoisch weiter, bis sich die Lage wieder etwas beruhigt. Zurückgehen ist keine Option. »Ich habe in Pirmasens viele Freunde gehabt und habe sie heute immer noch. Aber ich kann mir nicht vorstellen, überhaupt nur einen Tag wieder dort zu verbringen. Ich bin jetzt schon seit vierzehn Jahren in Berlin, und wenn ich heute zurückschaue, frage ich mich oft, wie konnte ich dort leben? Beziehungsweise, wie konnte ich dort überhaupt überleben? Für mich ist das der allerletzte Punkt in Deutschland, wo ich sein will.« Ein Gefühl, das jeder Mensch kennt, der sich einmal in eine Großstadt verliebt hat.

»Das ist halt so. Wenn du in Berlin lebst, bekommst du sehr schnell das Gefühl, nie wieder wegzuwollen. Es gibt in ganz Deutschland, glaube ich, nicht mal annähernd so etwas wie diese Stadt. Allein dass man in jeder Seitenstraße dreißig Dönerläden hat. Es ist Dienstag oder Mittwoch, und gegenüber ist einfach ein Getränkeladen, der um zwei Uhr nachts noch geöffnet hat. Dann guckst du auf die andere Straßenseite, und da sind einfach dreißig Leute von irgendeiner Party, die vor einer Currywurstbude in der Schlange stehen. Das ist Berlin. Und das ist schon was anderes als Pirmasens mit seinen 30 000 Einwohnern. Wenn du da morgens die einzelnen Autos abzählen kannst, da kriegt man die Krise.« Für Massiv stand relativ früh fest: »Einmal Berlin, immer Berlin.« Zusammenfassend kann man wahrscheinlich sagen, dass er sich wohler fühlt, wenn er nicht der Einzige ist, der auffällt.

In Berlin hat er endlich ein Zuhause gefunden, einen Ort, an den es ihn zurückzieht. »Mein Verständnis von Heimat ist einfach. Egal, wo ich auf der Welt war – und ich war schon fast überall –, wenn ich wieder in Deutschland lande, sprich in Berlin, freu ich mich einfach, wieder zu Hause zu sein. Wenn ich früher meinen Opa besucht habe im Libanon, hab ich mich auch wieder gefreut, nach Hause zu kommen. Zurück nach Deutschland. Deutschland ist auf jeden Fall meine Heimat. Ich bin Deutschlandfan, seit ich denken kann. Ich gucke jedes einzelne Länderspiel. Ich bin fast schon nationalistisch, was deutsche Themen angeht.«

Wasiem ist jetzt komplett euphorisch, das Sport-Thema scheint es ihm angetan zu haben. »Ich bin Fan von jedem deutschen Boxer. Ich bin Fan von jedem deutschen Tennisspieler. Ich will, dass Deutschland die meisten Olympiamedaillen holt. Ich mag das einfach. Ich verstehe auch nicht, wenn einer hier in Deutschland lebt, aber irgendeine Mannschaft aus Portugal feiert. Nur aus Prinzip, weil er denkt, mein Nachbar hat was gegen mich, also feuere ich eine andere Mannschaft an.«

Massivs Verständnis von Integration ist von Begriffen wie »ehrlicher Arbeit« oder »Aufstiegschancen« geprägt. Kein Wunder, dass er sich den Wedding als persönliche Basis ausgesucht hat, traditionell ein Berliner Arbeiterbezirk. Für ihn sind die Straßen und Häuser Lebenselixier und Inspiration für seine Musik. »Wenn ich in ein paar Worten erklären müsste, was den Bezirk ausmacht, dann auf jeden Fall Multikulti. Du kannst an jeder Ecke super essen, du hast Ups and Downs dort, du hast viele Leute, die es schaffen, etwas auf die Beine stellen, und du hast trotzdem noch Menschen, die seit zehn Jahren immer denselben Weg fahren. Am Corner ihren Joint durchziehen. Du hast Straßen im Wedding, wo die Leute null aus dem Arsch kommen, nichts gebacken kriegen.« Er ärgert sich, wenn er das Gefühl bekommt, dass sich Menschen nicht die Finger schmutzig machen wollen. Disziplin ist ihm wichtig. Privat, beim Sport oder wenn es um die Arbeit geht. Eine typisch deutsche Eigenschaft, würden einige behaupten.

»Du wirst auf der ganzen Welt keine Menschen finden, die so on point sind wie die Deutschen. Pünktlichkeit, Zuverlässigkeit, das sind zwei Punkte, die sind wirklich fett unterstrichen hier, und es macht schon sehr viel aus im Alltag. Dieses Gradlinige, zu wissen, ich muss heute das und das machen, und wenn nicht, dann bekomme ich noch mehr gelbe und blaue Briefe nach Hause. Hier musst du dich um alles kümmern, sonst wird sich um dich gekümmert.« Massiv will nicht, dass sich jemand um ihn kümmert. Er will die Dinge selbst in seine riesigen Pranken nehmen.

»Ich würde mich in vielen Punkten als typisch deutsch bezeichnen. Pünktlichkeit zum Beispiel ist ein Muss. Ich liebe das. Ich liebe es, pünktlich zu sein, und ich hasse es, wenn einer unpünktlich ist. Ich weiß nicht, woher das kommt. Das ist eigentlich die wichtigste Tugend, die mir einfällt, weil anhand der Pünktlichkeit erkennst du, wie der Tagesablauf eines Menschen ist. Ob er es ernst nimmt im Leben, ob er bereit ist, etwas zu erreichen, etwas zu bauen, irgendetwas zu machen. Leute, die Pünktlichkeit schleifen lassen, sind meistens hochnäsig. Das ist nun mal meine persönliche Sicht.«

Diese Disziplin hat ihn weit gebracht. Nach dem Hype um seine Musik kam die Schauspielerei. Aus Massiv wurde Lativ. Aus dem Ghetto-Rapper wird ein fiktiver Clan-Boss:

Tagelang gehustlet, war nicht irgend so ein Bonzensohn
Ich wurd' im Stich gelassen, hab' gemerkt,
dass sich Verbrechen lohnt
Deswegen habe ich gedealt mit jedem ungestreckten Dope
Mann, dieser Hustle hier ist real, mein Sohn
Massiv, »Lativ«, 2018

Was ist also »real«? Die Grenze zwischen Massiv und Lativ, die hier musikalisch verschwimmt, bringt auch mal Nachteile mit sich. Es fällt merkwürdigerweise nicht allen leicht, zwischen Fiktion und Wirklichkeit zu unterscheiden.

Der Hauptdarsteller der Mafia-Serie, Kida Ramadan, wird schon mal gefragt, ob man für ihn arbeiten könne – als Drogendealer. Ein anderer Schauspieler, der auf Anweisung der Drehbuchautoren auf den Serientcharakter von Massiv schießen musste, wurde auf der Straße bedroht und sogar körperlich angegangen. *4 Blocks* ist zum Blueprint deutscher Gangster-Geschichten geworden. Für Massiv wird die Serie zum zweiten Frühling.

»Ich konnte mir vorher nicht vorstellen, in einer deutschen Produktion zu schauspielern. Aber diese Rolle ist wie maßgeschneidert. Ich kann mich komplett mit ihr identifizieren, und das ziehe ich jetzt auch weiter durch. Inzwischen kamen jede Menge weitere Schauspielangebote, die hab ich alle abgesagt. Ich dachte mir, wenn ich das erste Mal Schauspieler bin, dann will ich das so exklusiv wie möglich halten und komplett *4 Blocks* durchziehen, anstatt überall Geld abzugreifen. Ich hab keine Lust auf Sellout. Ich möchte wie eine Eins in dieses Business reingehen und wie eine Eins rausgehen. Es ist einfach mein zweites Standbein neben meiner Musik, und trotzdem sehe ich mich immer noch als Vollblutmusiker. Das mache ich jetzt schon seit so vielen Jahren mit Leidenschaft und Herz.«

Die Musik steht immer noch an erster Stelle. Und sie hat sich verändert. »Seit sieben Jahren mache ich jetzt komplett saubere Musik, die letzten vier Alben kamen ohne Schimpfwörter aus. Ich möchte nur noch motivierende Themen auf meinen Platten, Themen, die nach vorne gehen. Es gab einfach Situationen, da stehst du im Kaufland und zwei Kids wollen ein Bild mit dir, und die Mutter schießt das Foto. Ich bekam dann manchmal Panik, dass die Mama nach Hause geht und mich googelt. Die sieht dann natürlich auch eine negative Seite von mir, mit der ich mich heute überhaupt nicht mehr identifizieren kann. Ich hab jetzt auch eine eigene Familie, und man kommt in ein gewisses Alter, in dem man mit sich selbst im Reinen sein muss, um in den Spiegel zu schauen.«

Nicht nur die Musik von Massiv hat sich verändert. Auch sein Aussehen ändert sich Tag für Tag. Er hat begonnen, sich die Tätowierungen entfernen zu lassen, ein Großteil ist bereits nicht mehr zu erkennen. Die Prozedur ist weitaus schmerzhafter als das Stechen selbst. Der Grund dafür liegt in seiner Religion. Wasiem geht regelmäßig in die Moschee, je älter er wurde, desto mehr beschäftigte er sich mit Gott und seinem Glauben.

»Ich bin jetzt seit vier, fünf Jahren in dieser Phase und fühle mich freier, glücklicher und geerdeter. Der Glaube war immer ein großer Teil von meinem Leben, hat mich schon immer begleitet. Natürlich auch durch den Background meiner Familie. Ich wurde als Moslem geboren. Diese Grundbausteine wie das Ramadan-Fasten oder der Moscheebesuch am Freitag, die wurden mir ja seit klein auf mitgegeben. Aber das war eher sporadisch. Inzwischen ist das eine richtige Aufgabe, ich muss und will fünfmal am Tag beten. Ich hab so viele verschiedene Punkte, auf die ich mich konzentrieren muss, um keine Fehler zu machen. Den Glauben kann man genauso wenig schleifen lassen wie den Rest.«

Massiv ist stolz auf diesen neuen Weg. Und wie so oft in seiner Karriere nimmt ihm auch diese neue Rolle niemand übel. Während anderen Künstler*innen gerne mal vorgeworfen wird, sie seien weich geworden oder würden sich dem Mainstream anpassen, wird Massivs Entwicklung von allen akzeptiert. Weil man weiß, dass da jemand keine Rolle spielt. Weil man weiß, dass er das ernst meint. Und dass er im Grunde seines Herzens schon immer der liebenswürdige, nette Typ war, den er jetzt endlich auch der Öffentlichkeit präsentieren kann. Massiv ist angekommen.

Die ganze Geschichte klingt fast zu schön, um wahr zu sein. Der Traum eines jeden Integrationsbeauftragten. Der amerikanisch-deutsche Traum vom Tellerwäscher zum Millionär. Massiv gefällt dieses Narrativ. »Ich denke, in Deutschland hat man alle Möglichkeiten, etwas zu reißen, etwas zu schaffen. Du brauchst eine Vision, und du musst auch etwas dafür tun. Leute, die einfach nur einen Plan aufschreiben und irgendwann denken, der Plan verwirklicht sich von selbst, die können sich im Kinderzimmer einsperren und träumen. Das Ding ist, einfach mal zu machen; auch mal kleine Kieselsteine schmeißen, bevor man den großen Brocken in die Hand nimmt. Aber wenn du einfach nur wartest und etwas haben, aber nichts dafür machen willst – dann hast du verloren. Deutschland ist die perfekte Plattform dafür, etwas zu schaffen. Hier ist alles gegeben.«

Es ist auf eine gewisse Art rührend, dass er sich diesen naiven Glauben bewahrt hat. Es ist im Endeffekt ein Glauben an die Institutionen, ein Glauben an ein Land, das wie ein Uhrwerk funktioniert. Und warum sollte er auch nicht daran glauben, für ihn hat es schließlich funktioniert. Und da er ein Mann der großen Momente und Worte ist, ist es nur zu logisch, dass er auf die Frage, was ihn besonders stolz macht, antwortet: »Meine Mutter sieht, dass ihr Sohn ein Mann geworden ist, und ich glaube, das ist wichtiger als jede Auszeichnung, jeder Schulterklopfer und jede goldene Platte.«

Nimo
Man muss doch wissen, wo seine Wurzeln sind

Man sagt, Hund und Halter sähen sich mit der Zeit immer ähnlicher. Und, dass man den Jungen aus dem Ghetto kriegt, das Ghetto aber nicht aus dem Jungen. Bei Nimo scheint beides zuzutreffen – zumindest teilweise. Das »Ghetto« ist in seinem Fall zwar *nur* die kleine baden-württembergische Stadt Leonberg, mit pittoresken Fachwerkhäusern, einem alten Schloss und der angeblich schönsten Dorfstraße Süddeutschlands. Aber die Augen seines Pitbulls strahlen in genau demselben grünlichen Blauton wie die des Deutsch-Iraners, wenn Nimo und sein Hund so über das mittelalterliche Kopfsteinpflaster von Nimos Heimatstadt flanieren. Die Stadt, die ihn unleugbar geprägt hat.

Geboren wurde Nimo eigentlich in Karlsruhe, zog in früher Jugend jedoch in die Kleinstadt, die er heute mehr zu schätzen weiß denn je zuvor. Eher untypisch für einen jungen Mann, der schon lange nicht mehr nach den Sternen greifen muss, sondern bereits einen Batzen davon in seiner Faust funkeln hat. Dem die Welt offensteht.

»Ich bin mit jeder Ecke, jeder Straße, jeder Gasse vertraut. Du kennst alle Gesichter«, erzählt Nimo, während wir uns auf dem Markplatz niederlassen. Der Hund hechelt in der Sonne, die sich im Süden an diesem Tag mal wieder einfach mehr Mühe zu geben scheint als im Rest des Landes. Auf dem Marktplatz herrscht geschäftiges Treiben. Die Szenerie erinnert ein wenig an die Anfangssequenz aus dem Disney-Klassiker *Die Schöne und das Biest,* nur dass sich unser Protagonist im Gegensatz zu Belle nicht über die Grenzen des Kleinstadtlebens beschwert. Es ist eben die deutsche Version des Disney-Marktplatzes. Niedlich sieht es hier aus, als gäbe es keine Sorgen und Nöte, als liefe alles wie ein Uhrwerk vor sich hin, ohne jegliche Unterbrechung. Aber Nimo gefällt es hier – trotzdem oder gerade deswegen.

»Die Augen der Menschen hier haben mich damals schon gesehen, als wir einfach nur gechillt haben. Und jetzt sehen sie, dass es mir gut geht, und ich sehe, wer sich freut für mich und wer nicht. Das hat keine andere Stadt für mich! Überall sonst fühle ich mich fremd.« So schnell geht das, schon sind wir beim Thema Heimat.

Eine Kindheit in der Provinz – das stellen sich die meisten idyllisch bis unspektakulär vor. Man kickt im lokalen Fußballverein, ruft unter dem Esszimmerfenster am Elternhaus seines besten Freundes, ob der Momo zum Spielen runterkommen kann, und macht sich nicht allzu viele Gedanken über die eigene kleine Existenz und die seiner Eltern. Die Väter der deutschen Kinder trinken Bier, Nimos Vater eher Tee. Das ist oft der einzige Unterschied.

»Als ich ganz klein war, hab ich mich nicht anders gefühlt als die andern Kinder. Man geht raus, um zu spielen – nicht um über sich selbst nachzudenken.« Ein bisschen anders als in den meisten schwäbischen Haushalten ging es bei der Familie Yaghobi dann aber doch zu.

Zu Hause sprechen sie iranisch, und die Großeltern leben nicht nur einen Steinwurf entfernt und erwarten jeden Besuch mit einem breiten Lächeln im Gesicht und dampfenden Maultäschle auf dem Tisch. Für Nimo sind die Großeltern etwas weit Entferntes, etwas, vor dem man Ehrfurcht hat, keine nette Oma um die Ecke, die einem Kleingeld zusteckt. Die Hürden, die die

Generationen trennen, sind höher als Kleinstadtgartenzäune und auch um einiges gefährlicher.

»Mein Vater hatte eine Reisplantage im Iran. Aber meine Eltern mussten das Land verlassen, da mein Vater politisch aktiv war. Die wollten ihn umbringen«, erklärt Nimo die Situation, die seine Eltern dazu trieb, vor über dreißig Jahren die Heimat zu verlassen und das Glück in der deutschen Kleinstadt zu suchen. Der Großteil seiner Familie lebt nach wie vor im Iran. Ein Teil von ihm, den Nimo schmerzlich vermisst, bis heute. Als hätte man etwas aus ihm herausgerissen, dabei war er es doch, der das Land verlassen musste. Bis heute kann er nicht in die Heimat seiner Eltern einreisen. »Ich habe zwar den deutschen Pass, aber auch den Nachnamen meines Vaters«, fügt er hinzu. Was das bedeutet? »Wenn ich dort hingehe, werde ich entweder direkt zur Armee geschickt oder festgehalten, bis mein Vater kommt. Was für ihn den sicheren Tod bedeuten würde.« Keine besonders rosigen Aussichten.

So eine erzwungene Entfremdung bringt oft mit sich, dass man sich noch viel fester an Konstrukte wie »Heimat«, »Wurzeln« oder »Herkunft« klammert, damit sie einem nicht zwischen den Fingern zerrinnen. Was fern ist, muss bewahrt werden, sonst ist es bald schon gänzlich verschwunden. Das war auch bei Nimo so. »Man muss doch wissen, wo seine Wurzeln sind. Und du musst wissen, wer deine Vorfahren waren und wie das alles passiert ist. Man kann seine Kultur nur richtig kennenlernen, wenn man sie gelebt hat. Wenn man sieht, wie man sie lebt.« Es schwingt ein Hauch Bitterkeit mit, während er das sagt. »Das Iranischste an mir ist der Respekt, der mir von zu Hause mitgegeben wurde, die Sprache und das Essen. Aber ich würde natürlich gern in den Iran reisen, einfach um meine Kultur besser kennenzulernen, meine Heimat zu besuchen. Das Geburtshaus meines Vaters zu sehen. Das Grab meines Opas. Solche Sachen.«

Es ist schwer vorstellbar für jemanden, der keine Flucht erlebt hat – sei es direkt oder indirekt durch die Eltern- oder Großelterngeneration –, wie sich das anfühlen muss, einen Teil seiner Familiengeschichte, seiner eigenen Identität nicht kennenlernen zu können. Ihn nur wie einen filigranen Gegenstand, weggesperrt in einer Glasvitrine von außen beobachten, aber nie zu greifen bekommen zu können. Die Rose unter dem Glassturz. Es mag pathetisch klingen, aber ein Blick in Nimos Gesicht lässt einen all diese Melodramatik spüren, die sich bisher auch durch seine Aussagen zieht. Er ist ein Gefühlsmensch, jemand, der schnell emotional wird. Und die fehlende Verbindung zu seiner Familiengeschichte scheint ihn schwer zu beschäftigen, bis heute. »Mein Vater ist Diplom-Ingenieur geworden und hat etwas in Deutschland aufgebaut. Man darf jetzt aber nicht einfach sagen: *Okay, mein Vater hat es geschafft*. Man muss auch wissen: Wo hat dieser Weg angefangen? Wenn du die Kassette zurückspulst, wo fängt das alles an?«

Mit der Zeit wurde Nimo immer klarer, dass bei ihm eben doch nicht alles genauso läuft wie bei den Thorstens, Stefans und Lisas vom Bolzplatz, der Schule oder beim Bäcker. »Mit der Zeit blickst du halt, was was ist. Und dann blickst du auch, was in Deutschland mal passiert ist. Dass es immer noch Leute gibt, die ausländerfeindlich sind.« Auch in der Idylle gärt es ab und zu unter der Oberfläche.

Nimo erzählt, er könne sich selbst nicht aktiv an Situationen erinnern, in denen er aufgrund seiner Herkunft diskriminiert worden wäre. »Vielleicht mal ein dummer Spruch oder so was, aber das ist keine Diskriminierung für mich. Der Großteil meiner Freunde waren eh Ausländer«, lacht er. Auch als sein Vater frisch aus dem Iran nach Deutschland kam, das jüngste von vielen Kindern, mit gerade mal 50 Mark in der Tasche, stieß er zunächst auf Hilfsbereitschaft. Eine gewisse Frau Ingeborg und deren Mann sorgten dafür, dass Nimos Vater in diesem fremden Land an- und klarkommen konnte – und in ihnen die ersten Freunde fand. Aber damals sei man auch noch anders mit Geflüchteten umgegangen, fügt Nimo hinzu. Mit »anders« meint er vermutlich besser. Freundlicher. Humaner. Ohne all die alltäglich gewordene Hetze im Hinterkopf, die heute bei vielen den Alltag bestimmt und für ein verzerrtes Bild sorgt.

Zu den Sorgen, mit denen Nimo bereits geboren wurde, kamen mit dem Älterwerden weitere dazu. Seine Eltern trennten sich, Nimo blieb bei seinem Vater, sah die Mutter nur noch am Wochenende, und dann schlug irgendwann auch noch die Pubertät mit voller Wucht ein. »Im Alter von dreizehn bis sechzehn war ich ein Rebell«, erzählt er. »Da habe ich dann angefangen zu denken, ich sei hier fremd.« Er zieht sich selbst raus, beginnt aufmüpfig zu werden. »Mittlerweile weiß ich, das ist mein Zuhause. Ich bin sehr deutsch in so vielem, die Disziplin, die Genauigkeit. Aber damals ...« Damals: volles Risiko gegenüber dem Staat:

> *Der Staat hat mich nie belohnt*
> *Vielleicht ein paar Mal bei Tipico*
> *Und sogar da war es Risiko*
> **Nimo, »Flouz kommt Flouz geht«, 2016**

Es begann die Phase, die Nimo mit dem Titel »Das erste Mal Scheiße bauen, aber so richtig« versieht. Die Zeit, in der Nimos Vater manchmal nachts unter Brücken nach ihm suchte, aus Angst, sein Sohn könnte ihm nicht nur erzieherisch, sondern im ganz tatsächlichen Sinne entgleiten. Eine Zeit, in der Nimo zwei Geburtstage im Gefängnis feiern muss.

In unzähligen Interviews betonte er immer wieder, wie sehr er sich für sein damaliges Verhalten schämt. Und zieht auch in seinen Lyrics einen Schlussstrich:

> *Ich sag nie wieder »nie wieder«*
> *Sem heye bebe, dein Sohn war ein Piece-Dealer*
> *Und wurd' dann berühmt wie dieser*
> *Thierry Henry Fußballprofispieler*
> **Nimo, »Nie wieder«, 2016**

Auch jetzt, während wir durch die Gassen von Leonberg streifen, wo sich so viele »erste Male« von Nimo zugetragen haben, blickt er auf diese Zeit mit gemischten Gefühlen. »Als Kind bin ich rausgegangen zum Spielen. Und irgendwann bin ich rausgegangen und wusste nicht mal, was ich mache.« Das erste Mal rauchen, die erste Freundin, das erste Mal jemanden abziehen, das erste Mal von der Wache abgeholt werden.

Vielen Teenagern geht es so. Ein gewisser Weltschmerz, den man bisher nicht kannte, macht sich in dieser Phase gerne breit, gepaart mit den ersten existenziellen Ängsten. Dabei war doch erst gestern noch alles cool; Fußball zocken, den Freund aus dem Haus zum Spielen rausrufen und eben nicht so viele Gedanken über die eigene Scheißexistenz, wer man ist und wo man eigentlich herkommt – und vor allem auch hingehört. Die Zerrissenheit, die sich in Nimos Lebensgeschichte in so vielerlei Hinsicht schon von Geburt an abzeichnete, wurde immer tiefer. Also geht man raus, um sich von dem ganzen Scheiß abzulenken. Und bei Nimo gab's eben noch ein bisschen mehr »Scheiß« im Hintergrund als bei anderen Teenagern. Und es sammelte sich immer mehr an. Er kiffte, trank Schnaps und landete schließlich aufgrund mehrerer Vergehen wie zum Beispiel räuberischer Erpressung im Gefängnis. Da war er gerade mal 15 Jahre alt.

Die Zeit im Gefängnis hatte aber auch ihr Gutes, sagt er heute. Was anderes bleibt ihm ja auch nicht übrig. Nicht nur sah Nimo in einer Dokumentation über Prinz Markus von Anhalt das erste Mal, was ein begehbarer Kleiderschrank ist, er fasste auch den Entschluss, irgendwann selbst so ein Teil zu besitzen. Er wusste auch schon, wie er das anstellen würde: mit Rap. Und auf seinem Gebiet sollte Nimo darin ein Pionier werden. Vom Rap-Unterricht im Knast mit Lehrern wie seinem besten Freund »Z« und dem ebenfalls inhaftierten beim Label Alles oder Nix gesignten Samy zum ersten eigenen Plattenvertrag ging es für Nimo recht fix. Sein Vehikel? Handyvideos! Man kann mit Fug und Recht behaupten, Nimo sei der Vater der »Handyvideo-Rapper«, die heute den Markt überschwemmen, und das in mehrerer Hinsicht. Parts in wackelige iPhone-Kameras spitten, das machte Nimo als Erster berühmt, auch wenn er im Gegensatz zu Streaming-Phänomenen wie Mero oder Eno seine Videos nicht auf Instagram, sondern noch auf Facebook veröffentlichte. Ein paar Jahre älter als die neueste Generation ist er eben doch.

Aber nicht nur hinsichtlich der Verbreitungsstrategien kann Nimo als Pionier im Deutschrap bezeichnet werden. Er war es auch, der mit deutlich orientalisch angehauchten Melodien den Gesang im Deutschrap populär machte. Kurzum: Was Nimo da machte, war neu und frisch. Und deswegen dauerte es auch nicht lange, bis die Fangemeinde wuchs und sich die Klicks vermehrten. Einer seiner Songs, mit dem schillernden Namen »Leck Sippi Bitch«, erweckte die Aufmerksamkeit von zwei besonderen Gestalten im Game: Celo & Abdi, Frankfurts Duo Numero Uno, die inzwischen ein eigenes Musiklabel namens 385i betreiben, interessieren sich für das junge Talent, das irgendwie so ganz anders ist als die anderen Newcomer. Ein Talent, das längst zum eigenständigen Künstler gereift ist und bis heute ohne Block und Bleistift, meistens sogar ohne Smartphone in die Studiokabine geht und 90 Prozent seiner Texte freestyled. Spontan, emotionsgetrieben, real. Hundert Prozent Rockstar-Attitüde im Studio:

> *Momentan übel im Film*
> *Ekho, nein, ich hör damit nicht auf*
> *Ich geh morgens mein'n Körper trainier'n*
> *Und abends nehm ich dann paar Bretter auf*
> Nimo, »Rockstar«, 2019

Celo & Abdi sind damals direkt begeistert von dem jungen Mann. Es werden Nachrichten hin und her geschickt, Telefonate geführt, und schließlich wird Nimo direkt nach Frankfurt beordert. Er packt seinen Koffer – es ist derselbe, mit dem sein Vater einst aus dem Iran nach Deutschland floh – und zieht gen Zukunft in das 385i-Studio, um mit Celo & Abdi Musik zu machen. Eine gute Entscheidung, im Nachhinein betrachtet.

Heute lächelt Nimo bei dem Gedanken an den Weg, den er gegangen ist, nur um wieder hier in Leonberg anzukommen. Den begehbaren Kleiderschrank hat er jetzt. Darin hängen die gefälschten Trikots, die ihm sein Vater früher aus der Türkei mitgebracht hat, neben den echten, die ihm heute Adidas sponsert und die eigentlich mehrere Hundert Euro pro Stück kosten. Neben den Burgen aus ungeöffneten Schuhkartons stehen die ausgelatschten Airmax, die ihm damals »Z« im Knast geschenkt hat und die er bei seiner Entlassung anhatte. »Damals bin ich weggegangen, weil ich kein Geld hatte, keine Perspektive. Heute habe ich Geld, jetzt habe ich eine Perspektive. Jetzt kann ich meinen Freunden helfen und meiner Familie. Also musste ich zurückgehen.« Ein Kreislauf, aus dem man keinen Ausweg suchen muss, weil man selbst der Ausweg ist.

Es war kein leichter Weg, und selbst den Teil seiner persönlichen Lebensgeschichte, den Außenstehende vermutlich mit dem Titel »Erfolgreich werden, aber so richtig« versehen würden, sieht Nimo heute kritisch. Denkt er über seine ersten Gehversuche oder sogar Marathons im Rap-Geschäft nach, ist er nicht nur stolz auf sich. Seine frühere Haltung ist ihm heute unangenehm genauso wie Texte von damals. »Ich weiß nicht, ob das gerade der Höhepunkt in meinem Leben ist, aber es ist auf jeden Fall ein Punkt, der mich oft zum Nachdenken bringt«, erzählt er und setzt sich auf den Bordstein, den die Sonne angenehm aufgewärmt hat. Hinter ihm das Schild der örtlichen Kneipe. *Germania,* steht dort auf der Leuchttafel. »Es kann alles sehr schnell vorbei sein. Vielleicht kann ich morgen nicht mehr rappen, meine Stimme ist weg oder was weiß ich. Was willst du dann machen? Was hast du dann aufgebaut? Was hast du hinterlassen? Ein Mixtape und ein Album? Das ist nicht alles.«

Er legt eine kurze Pause ein, nestelt an der Hundeleine rum. Dann holt er wieder Luft und fährt fort: »Deshalb glaube ich, es geht noch weiter, und ich bin erst am Anfang. Erst wenn ich was auf die Beine gestellt habe, von dem ich sagen kann: Das ist mein Werk. Es wird auch laufen, wenn ich nicht morgens um acht Uhr dort hingehe. Etwas unabhängig von Rap.« Was das denn sein könnte, frage ich ihn. »Keine Ahnung. Ein Restaurant, ein Laden, was weiß ich. Wär ich im Iran, wär's vielleicht die Reisplantage von meinem Vater.« Er lacht. »Natürlich bin ich dankbar für alles, was ich erreichen durfte. Manchmal hab ich früher darüber nachgedacht, wie das wohl gewesen wäre, auf einer Reisplantage groß zu werden und nicht so viel zu haben. Vielleicht wäre es sogar besser. Weil dann lebst du, du arbeitest nicht nur. Du stehst nicht auf, gehst arbeiten und kommst zurück, hast keine Zeit. Hier ist ein Arbeiterland. Wenn du mal morgens beobachtest, was am Bahnhof los ist: Der eine geht hier, der andere dort, Stempelkarten, tack, tack, tack.« Das deutsche Uhrwerk läuft und läuft.

Nimos Lebensstil beinhaltet vermutlich nicht sehr viele Stempelkarten und auch das Leben und Arbeiten auf einer Reisplantage mag sich der heute 24-Jährige eventuell etwas romantischer vorstellen, als es der Realität entspricht. Aber im

Kern ist es vollkommen nachvollziehbar, was er mit solchen Gedankenspielen meint. Und es sagt viel über die Art Mensch aus, die Nimo ist. Die Zerrissenheit, die Nimo sein ganzes Leben begleitete, scheint auch heute noch nicht überwunden. Sie ist wohl einfach Teil seiner Identität. Wie bei so vielen anderen auch. Einer Identität zwischen Iran und Deutschland, zwischen gut meinen und gut handeln, zwischen absoluter Hingabe und Ehrgeiz für sein Ziel und dem Wunsch, einfach ein simpleres Leben mit etwas weniger Verantwortung zu führen. Etwas Ruhe zu haben. Nicht allein verantwortlich zu sein für das Glück der Familie.

Vielleicht hat es Nimo deswegen auch zurück in seine Heimatstadt verschlagen. Große Aufregung, roter Teppich, Champagnerkorken und durchgearbeitete Nächte im Tonstudio mit lauter verrückten Menschen hat er schon genug in seinem beruflichen Alltag. Auch diese Art von Stempelkarten können einem manchmal zu viel werden. »Egal, wie viel Geld du hast, egal, an welchem Ort außerhalb deines Zuhauses du wohnst – für mich jetzt zum Beispiel Leonberg –, du bist dort fremd. So habe ich mich zumindest gefühlt. Du bist dort nicht zu Hause. Du kannst ein schönes Haus haben irgendwo. Aber du bist dort nicht zu Hause. Du wirst nie einer von denen sein.«

Vielleicht ist Nimo im übertragenen Sinn noch nicht dort angekommen, wo er einmal hinmöchte. Ob nun Rapper, Familienvater, Restaurantbesitzer, Ehemann oder Reisplantagenarbeiter – irgendwann wird er vielleicht einmal den Schlüssel finden, der ihm die Vitrine öffnet, sodass er erkennen kann, wer er wirklich ist und sein will. Örtlich betrachtet aber, scheint er hier und heute ganz genau dort zu sein, wo er hingehört. In Leonberg. Zu Hause.

Dr. Bitch Ray

100 Prozent türkisch und
100 Prozent deutsch

Ich bin Reyhan Şahin aka Dr. Bitch Ray, und meine Eltern sind Kanaken*, genauso wie ich.« Vor dem inneren Auge sehe ich, wie Reyhan nach diesem Satz ihren Arm gerade nach vorne ausstreckt, in einer fließenden Bewegung die Faust öffnet und ihr metaphorisches Mikrofon auf den Boden der Uni Hamburg rumsen lässt. Mic drop! Ihr Blick ist dabei selbstbewusst. Kein Zucken, kein Entschuldigen ob des Lärms, der von den Wänden des Hörsaals abprallt und den ganzen Raum erfüllt. Hat es jetzt wirklich gerumst oder ist das nur der Nachhall ihrer Worte? Eigentlich egal, denn das hier ist Dr. Bitch Ray, wie sie leibt und lebt, wie wir sie kennen, seit sie Anfang der 2000er als Rapperin Lady Bitch Ray ans ganz reale Mic steppte und im Land für zahlreiche Mic Drops und damit verbundene Störgeräusche sorgte. Ob in ihren Songs, in Talkshows oder beim Radio – leise ging es bei der Rapperin, Doktorin der Linguistik, Autorin und Wahl-Hamburgerin nie zu.

Reyhan, die unter anderen Namen bereits rappt, seit sie zwölf Jahre alt ist, und sich bereits von Anfang an gerne mit den ganz

* Den Begriff »Kanake« oder »Kanakin« benutzt Reyhan Şahin in diesem Kontext als positiv konnotierte Selbstbezeichnung, weil die Einwanderergeneration, zu der ihre Eltern gehörten, und sie als Kind in den 1980er-Jahren innerhalb der Mehrheitsgesellschaft oftmals abwertend als solche betitelt wurden. Es soll keinen Anlass für Außenstehende bieten, Menschen aus der Türkei grundsätzlich so zu bezeichnen, Letzteres entspräche einem rassistischen Schimpfwort, das vermieden werden soll.

Großen anlegte (alles andere macht ja auch weder Sinn noch Spaß), hat schon so einiges getan, um Staub aufzuwirbeln. Ob sie dem immer wieder durch unangenehme Statements auffallenden Ultraliberalen und heutigen *WELT*-Chefredakteur Ulf Poschardt ein Glas Wasser über den Kopf kippte oder den Gastgebern in der, bei heutiger Betrachtung extrem schlecht gealterten, Late-Night-Show *Schmidt & Pocher* eine Dose mit ihrem Vaginalsekret überreichte – laut war es oft. Auch mit den vermeintlich Unantastbaren des deutschen Rap legt sie sich früh an, disst den sogenannten King of Rap Kool Savas und beschimpft dessen damalige Produzentin MelBeatz. Auch Popsternchen wie Jeanette Biedermann oder Sarah Connor bekommen ihr Fett ab.

Denkt man als Außenstehender anfangs vielleicht noch, dass hier jemand um jeden Preis die Skandalnudel geben will, ist mittlerweile klar: Dr. Reyhan Şahin ist viel mehr als das. Und wenn sie es überhaupt je war, dann aus Kalkül. Und wenn sie es überhaupt je war, dann aus Kalkül und mit dem Ziel, zu polarisieren:

> *Entweder hasst du oder liebst du mich*
> *Ich bade jeden Tag in Ziegenmilch*
> *Ich hab 'nen Typ der meine Füße küsst*
> *Und einen Knaben für die Klitoris*
> **Lady Bitch Ray, »Cleopatra«, 2018**

Manche finden sie und diese Texte geschmacklos. Für viele ist sie einfach nur zu laut. Kein Wunder, laute Frauen sind generell eher unbeliebt. Laute Frauen begehren auf. Laute Frauen geben Widerworte. Sie fügen sich nicht, nehmen ihren vorbestimmten Platz nicht ein. Ob es für Dr. Reyhan Şahin jemals einen vorbestimmten Platz gab, frage ich mich und sie, mit der Gewissheit im Hinterkopf, dass sie so etwas wie eine Vorbestimmung, aber auch simple Zuschreibungen, längst eliminiert und ad absurdum geführt hat.

»Ich bin in einem türkisch-alevitischen Haushalt groß geworden und habe viel von der alevitisch-muslimischen Sozialisation mitbekommen – allein schon deswegen, weil ich eine Frau bin«, sagt sie, nachdem wir uns vor dem Hamburger Regen ins Auditorium der Uni geflüchtet haben. »Viele Frauen mit Background aus der Türkei wissen, was ich meine. Dadurch, dass die Mädchen stärker zu Hause eingebunden werden, haben wir häufig eine viel engere Bindung zur Mutter, meistens auch zum Vater und kriegen dadurch natürlich viel mehr von der Kultur mit als die Jungs. Vielleicht waren meine Eltern, da sie Alevit*innen sind, ein bisschen liberaler als konservative, sunnitische Muslime.«

Alevit*innen stellen die zweitgrößte Religionsgruppe der Türkei dar. Einige Alevit*innen betrachten sich als Schiiten, andere als eigenständige Konfession innerhalb des Islam, und wieder andere betrachten das Alevitentum als komplett eigene Religion. Die Mehrheit der für Sunniten geltenden Verbote und Gebote aus dem Koran werden von Alevit*innen nicht anerkannt beziehungsweise befolgt. Vielmehr glauben Alevit*innen an eine eher spirituell ausgelegte Lehre der Erleuchtung und des Mystischen. Die »lockere« Ausübung des Glaubens der Alevit*innen ist seit Jahrhunderten der Grund für ihre Verfolgung und Unterdrückung durch andere muslimische Glaubensgruppen.

Also Halligalli und Party? Sie lacht. »Nee, bei mir war das auch schon alles sehr streng. Nachts rausgehen in die Disco war nicht. Der Konflikt zwischen den Generationen, zwischen der Gastarbeiter-Generation und den Kindern, hat mich ebenso geprägt wie die Kids anderer Einwanderer-Eltern.« Nicht die besten Voraussetzungen, um zwanzig Jahre nach ihrer Geburt als Enfant terrible der deutschen Rap-Szene auf sich aufmerksam zu machen, könnte man annehmen. »Auch wenn ich strenge Grenzen als Kind hatte, hab ich versucht, sie, wo es ging, zu sprengen«, erzählt Reyhan, während sie sich ihre Collegejacke über die Schultern wirft. Der Regen hat nachgelassen, wir machen uns auf den Weg zur Reeperbahn. Ein Ort, der gleichberechtigt neben der Universität ebenso symbolisch für Dr. Bitch Ray steht. »Still got love for the streets«, wie schon ein anderer Doktor in einem Rap-Song zu sagen pflegte.

»Ich war schon als Kind ziemlich anders«, erzählt sie, während wir aus dem Unigebäude Richtung Reeperbahn laufen. »Mit elf, zwölf habe ich angefangen, meine eigenen Klamotten zu basteln. Hab mir Peace-Zeichen aufs T-Shirt gemalt oder Fuck You draufgeschrieben. Mein Vater fand das jetzt nicht super, aber hat meine Rebellion zumindest toleriert. Schließlich ist er Alevit, und bei denen sind Dinge wie Bekleidung nicht so streng.« Es gab aber noch einen weiteren, nicht zu vernachlässigenden Grund, warum sich Reyhan schon im Teeniealter ein wenig mehr rauszunehmen wagte als der Großteil der Frauen und Mädchen damals – waren sie nun Alevitinnen, Sunnitinnen oder Deutsche ohne Migrationsgeschichte: Sie war schlau. Und gab einen Fick auf das, was andere von ihr denken könnten. »Ich war schon damals ziemlich clever, die Vorentwicklung von Dr. Bitch Ray sozusagen. Ich wusste genau, was ich mir rausnehmen kann. Ich ging aufs Gymnasium und war auch noch gut in der Schule. Deswegen war mein Vater vielleicht auch etwas nachsichtiger mit mir. Das war mein Vorteil. Auch, als es dann irgendwann mit der Musik anfing.«

Die Musik, das war dieser sagenumwobene deutsche Hip-Hop, der auch damals schon nicht selten Texte enthielt, die Elternherzen nicht gerade höherschlagen ließen, egal, ob das Kind nun die Musik bloß hörte oder, noch schlimmer, selbst zum Mikrofon griff. »Als ich mit vierzehn anfing, Hip-Hop zu konsumieren, hat mein Vater schon gesagt: *Was soll denn dieses Rap!?«* Was das soll, fragt sie sich auch heute noch manchmal, wenn sie sich die Kollegen und Kolleginnen so anschaut. Doch Reyhan konnte ihren Vater von ihren Wünschen überzeugen. »Bei den Alevit*innen spielen Musik, Mystik und Poesie eine wichtige Rolle«, erklärt sie. Wir befinden uns inzwischen in einem Sexshop auf Hamburgs Sündenmeile. Während Dr. Bitch Ray mit fachlicher Kompetenz verschiedene Vibratoren begutachtet, erzählt sie weiter. »Man hängt sich da nicht so an Oberflächlichkeiten auf. Also hat er auch Hip-Hop geduldet. Das gehörte zu seiner alevitischen Toleranz.«

Reyhans Vater ist nicht irgendein Gläubiger. Er ist ein Dede, eine Art alevitischer Priester. Und außerdem ein hart arbeitender Mann, der bereit war, für seine Kinder und deren Zukunft selbst zurückzustecken. Ob das nun hieß, seine Tochter diese dusslige Rap-Musik hören und später selbst machen zu lassen oder von Tag bis Nacht in einem Knochenjob in einer Werft Schiffsluken zuzuschweißen und dabei giftige Gase einzuatmen. Auch das ist Teil der Arbeiterkind-Identität: gegen die Eltern rebellieren und gleichzeitig ihre Opfer respektieren und sie stolz machen zu wollen.

»Mir war ja auch daran gelegen, dass meine Eltern nicht von anderen verurteilt werden. Das ist ja immer so ein Thema in den türkischen und/oder muslimischen Communities. Ich habe ja gesehen, dass mein Vater als Arbeiter gekommen ist, und die hatten halt bestimmte Möglichkeiten nicht, die hatten keinen Bildungszugang, die beherrschen die Sprache nicht so gut wie ich.« Die zweite Generation, die ihren Eltern viel voraus hat: Das ist ein gängiges Klischee. Aber Dr. Şahin ist clever genug, um dieses Klischee sofort wieder zu brechen. »Wobei man sagen muss, es gibt auch nicht DIE türkische Community. Wenn man jetzt zum Beispiel mit Leuten aus der Türkei spricht, die an der Boğaziçi-Universität, einer Elite-Uni, studiert haben, dann ist das ein ganz anderer Schnack als jetzt beispielsweise bei den Einwanderer*innen der ersten Generation hierzulande, die oftmals keinen Bildungszugang hatten, Klasse, Ethnie oder politische Ansichten spielen eine sehr große Rolle. Und dann wird natürlich auch mal geguckt, wenn eine Frau bestimmte Verhaltensweisen an den Tag legt, die einfach anders sind, die frei sind et cetera pp. Und das habe ich nicht akzeptiert. Mich durchzusetzen und mir nichts gefallen zu lassen, das habe ich vor allem von meiner Mutter gelernt. Die ist eigentlich die Ober-Bitch-Ray.« Das Wort »Bitch«, die maximale Selbstermächtigung:

Bitch ist für mich ein Trend
Für mich ein Kompliment
Lady Bitch Ray, »Ich bin ne Bitch«, 2019

Reyhans Mutter kam zwei Jahre nach dem Vater in den 70er-Jahren nach Deutschland. Als Hausfrau kümmerte sie sich um Haushalt und Kinder, während der Vater sich die Lunge staubig schuftete. Der Klassiker. Ein Leben zwischen patriarchalen Strukturen und verfickter Selbstbestimmung, denn fluchen, das hat Reyhan auch von ihrer Mutter gelernt. »Dieses Battle-Rap-Ding kommt eigentlich vom türkisch-anatolischen Fluchen meiner Mutter«, erklärt sie lachend. »Viele denken bei Türkinnen: Oh, die werden unterdrückt, die werden dies, die werden das. Natürlich gibt es da patriarchalische Strukturen und verfickte Scheiß-Patriarchen, mit denen man schwer reden kann. Aber die Kanaken-Weiber, die türkischen oder kurdischen Frauen, sind die heftigsten Frauen, die ich kenne. Wenn türkische Frauen untereinander sprechen, daraus könnte man ganz locker einen früheren Lady-Bitch-Ray-Porno-Song machen«, erzählt sie, während wir beim Schuhregal angelangt sind, wo wir die stelzenähnlichen High Heels bewundern, die man nicht weit von hier an den Füßen der Stripperinnen blitzen sieht. Golden, silbern und in weißem Lack glitzern uns die 18-Zentimeter-Absätze entgegen, und es ist schwer zu beurteilen, ob diese Schuhe eher Waffen, Kunst oder lediglich Einschränkung der Bewegungsfreiheit sind, einzig erfunden, um Frauen zu knechten. Vermutlich sind sie all das – je nachdem, was die Trägerin oder auch der Träger daraus machen möchte. »Über Sexualität zu reden ist kein Tabu unter Frauen«, setzt Reyhan das Gespräch fort. »Das ist in der weiß-deutschen Mehrheitsgesellschaft viel verklemmter: *Oh, die hat Fotze gesagt.* In den türkischen oder kurdischen Communities spricht man ganz offen über Sexualität unter Frauen. Diese Frauen sind die Ober-Bitches für mich, im positiven Sinne.« Reyhan hat einen pinken Vibrator in der Hand. Wie mit einem Revolver zielt sie auf ihre Umgebung und zieht den Silikon-Trigger. Logisch, dass vielen Männern eine Frau wie Reyhan Angst macht. Liegt dann aber höchstwahrscheinlich einfach an den Männern. Vollkommen egal, aus welchem Land sie kommen.

Eine Identität zwischen alevitischem Elternhaus und deutscher Selbstverwirklichungs-Religion ist für Reyhan keine Entweder-oder-Entscheidung. »Ich sage immer, ich bin 100 Prozent türkisch und 100 Prozent deutsch. Eine klassische Deutschtürkin, die das Beste aus diesem Zustand, aus diesem Zeitgeist, in dieser Gesellschaft, macht. Mit Forschung und auch mit Kunst, mit Texten. Das ist meine Art, damit umzugehen. Ein kritischer Umgang mit diesen Kategorisierungen und mit dem In-die-Schubladen-Schieben von Frauen mit Background aus der Türkei.«

Da Schubladen etwas sind, in die nur Vibratoren und keine Menschen gehören, hat Reyhan einige Probleme damit, wie Deutschtürkinnen wie sie in der deutschen Gesellschaft betrachtet werden. »Es gibt verschiedene Sichtweisen auf Deutschtürkinnen in Deutschland. Entweder werden sie ein bisschen verharmlost, indem sie als assimilierte Türkinnen dargestellt werden, die ja ach so frei sind. Die sind dann ganz gemäßigt gekleidet wie die Weiß-Deutschen auch. Die fallen nicht auf und haben keine Probleme mehr.« Wir sind inzwischen vor der Hamburger Kult-Kneipe Zum Silbersack angekommen, in der einst Gäste wie Freddy Quinn, Hans Albers und Heinz Rühmann verkehrten. Heute steht hier Dr. Bitch Ray in ihrer Collegejacke, und es gibt nichts, was passender wäre. Ein paar Fotos werden geschossen, dann geht es weiter im Diskurs, der hier eher unter »erörternder Vortrag« fällt statt unter »hin und her gehendes Gespräch«. Einfach mal die Klappe halten und zuhören.

»Es gibt natürlich auch die Opfer-›Türkin‹ (oder -›Kurdin‹), die halt ›unterdrückt‹ wird. Zu diesem Bild gehört, dass man sich die ganze Zeit über die eigene ›Kultur‹ beschweren muss. Und damit habe ich auch ein Problem. Es findet immer eine Anprangerung statt, und das ist für mich Heuchelei. Ginge es den Menschen wirklich um den Support dieser Frauen, um die Emanzipation, würde man die Strukturen verändern, würde man mit diesen Frauen anders umgehen. Das ist alles pseudo. Die deutsche Mehrheitsgesellschaft ist nämlich auch ein Patriarchat. Da ist auch eine fette Wand-Struktur, der ich mich in keinster Weise, auf keinem Level, weder in der Wissenschaft noch im Hip-Hop, unterordnen möchte. Ich habe mit meiner früheren Musik als Lady Bitch Ray immer versucht, diese Wände zu durchbrechen. Und zwar nicht so zu durchbrechen, dass ich dabei diplomatisch bin, sondern ich habe darauf gekotzt, ich habe versucht, das Patriarchat zu dekonstruieren.« Und das nicht zu knapp.

Beispielsweise als sie 2006 in dem Song »Hengzt Arzt Orgi«, die Idole des sogenannten deutschen Sex-Rap, Bass Sultan Hengst, Frauenarzt und King Orgasmus One zu einer lyrischen

Sexorgie einlädt. Wobei »Einladung« etwas zu nett ist, sie hat einfach eine gerappte Orgie mit den drei Westberliner MCs. Zu diesem Zeitpunkt arbeitet sie beim öffentlich-rechtlichen Radio Bremen/WDR und wird nach Bekanntwerden des Tracks mit den pornografischen Texten vor die Wahl gestellt, den Song aus dem Internet zu nehmen oder den Sender zu verlassen. Die *BILD* nimmt sich des Themas an, nicht zum letzten Mal wird Reyhan Şahin vor die Wahl gestellt, sich anzupassen oder nicht mitspielen zu dürfen. Keine wirkliche Überraschung, dass der Song bis heute auf ihrem YouTube-Kanal zu finden ist.

Aktionen wie diese haben Reyhan in der Vergangenheit einiges an Problemen beschert, denn die wenigsten Leute und Strukturen werden gerne angekotzt – sowohl in der Rap-Welt als auch in der angeblich aufgeklärten, intellektuellen Welt der Akademiker*innen. »Mein Standing in der Szene war gespalten, so wie meine eigene Spalte. Aber das war auch gut so. Tupac wurde auch gespalten aufgenommen. Es gab, als ich musikalisch aktiv war, so 2008, einen Shitstorm gegen mich, wo mich Rap-Fans als ›Schande für die Türkei‹ und Schlimmeres beschimpft haben. Auch Deutsche an der Universität haben sich beschwert: Exmatrikuliert die Schlampe! Mein Umgang damit war: Wenn man etwas Kontroverses macht, dann muss man natürlich auch einstecken können. Ich habe mich nicht gefreut darüber, weil es ging ja auch oftmals unter die Gürtellinie, aber es gehört halt dazu. Ich hatte immer so einen Satz im Kopf: Die Hexe muss verbrannt werden. Das schwirrte immer in meinem Kopf. So müssen sich Frauen in der Geschichte gefühlt haben, die unkonventionelle Texte geschrieben, Kunst gemacht haben oder die rote Haare hatten.«

Ja, dass vermeintlich aufmüpfige Frauen auch historisch betrachtet nie ein besonders gutes Standing hatten, ist nicht von der Hand zu weisen. »Ich wurde diskriminiert, nicht nur weil ich eine Frau bin, sondern meine türkische, muslimische Sozialisation spielte hier eine ganz große Rolle. Und zwar auch in der Hip-Hop-Community. Da kommt so eine Frau und macht sexualisierte Kunst! Was anderes war es ja nicht.« Während in den USA Rapperinnen wie Lil' Kim, Foxy Brown und später Trina schon relativ früh mit einer sexpositiven und dominanten Einstellung auf die Bühnen traten, ist es in Deutschland auch 2020 noch ein Problem, wenn ein weiblicher MC zu viel reale Sexualität repräsentiert. Bis ins Unendliche gestylte und retuschierte Künstlerinnen wie Shirin David werden von den zumeist männlichen Hip-Hop-Fans zwar oft nicht akzeptiert, müssen sich aber dennoch keine Hass- und Schimpftiraden anhören wie Lady Bitch Ray oder die ehemalige Sexarbeiterin und heutige Rapperin Schwesta Ewa. Reyhan Şahin hat in diesem Bereich Pionierarbeit geleistet, so viel ist klar.

»Ich hatte ursprünglich die Bitch im Deutschrap eingeführt als positiv konnotierte, selbstbewusste Frau. Ich wollte damit nicht sagen, dass Frauen jetzt willkürlich mit irgendwelchen Typen schlafen sollen, weil sie sich selbst finden müssen. Ich wollte damit sagen: Ey Mädels, steht zu eurer Sexualität! Ihr seid frei! Ich habe für sexuelle Selbstbestimmung gesprochen. Und dann durfte man sich von den wenigen Frauen, die es gibt im Rap, auch noch anhören: *Ey, dort, wo sie herkommt, darf man das doch gar nicht.* Woher komme ich denn, du Fotze?, hätte ich am liebsten geantwortet. Damit können viele Leute einfach nicht umgehen. Sie können erst dann damit umgehen, wenn diese Frau sich unterordnet. Also, wenn diese Frau kontrollierbar ist in jeglichem Sinne. Und das bin ich nicht, und das war ich nie.«

Trotz all der Shitstorms und Jobs, die Reyhan wegen ihrer Texte verloren hat, und Diss-Alben, die über sie aufgenommen wurden, gibt es auch eine große Fan-Community, die damals Lady Bitch Ray – und heute Dr. Bitch Ray – bewundern und vielleicht auch ein bisschen fürchten. »Das finde ich auch das Besondere an der Rap-Szene«, erzählt Reyhan, während wir aus dem Eingangsbereich des Silbersacks wieder raus ins graue Getümmel der Reeperbahn treten, in dem sich Reyhans bunte Collegejackenärmel genauso abheben wie die Frau, die darin steckt, sich in der Deutschrap- und Akademikerszene vom Rest abhebt. »Die Szene besteht ja überwiegend aus Typen, und ich habe nirgendwo auch nur annähernd so viel Anerkennung bekommen und Spaß gehabt wie von und mit deutschen Hip-Hoppern. Damit meine ich auch Leute mit Kanaken-Hintergrund, Araber, Türken. Die sind alle so klein mit Hut vor mir, haben Respekt, aber auch Schiss genug, um vor mir ihre Fresse zu halten.« Anerkennung zeigen geht manchmal eben auch ohne Applaus und Jubel. Es kann auch ganz leise und bescheiden ablaufen.

Auf die Frage, was Reyhan mit ihrer Kunst und wissenschaftlichen Arbeit eigentlich erreichen will – und ob sie das inzwischen geschafft habe, antwortet sie mit einem Stakkato-Monolog aus immer lauter werdenden Sätzen: »Dr. Bitch Ray will stöhnend ihre Fotzenschleimspur in dieser Gesellschaft hinterlassen. Ich will Frauen, Queers, Trans und Enbys empowern. Ich möchte gerade muslimisch sozialisierten Frauen, seien es welche mit türkischem Hintergrund oder arabischen oder pakistanischen Wurzeln, was auch immer, oder auch natürlich die weiß-deutsche Frau empowern, mehr zu sich selbst zu stehen. Ich möchte Menschen ermutigen, dass sie gewisse Strukturen, wie die in der Wissenschaft und vor allem auch im Deutschrap, aufbrechen.« Gelebte Empowerment-Therapie für eine Gesellschaft, die ihre Zeilen öfter hören sollte:

Und falls du fragst, bei wem du dich bedanken darfst,
Doktor Bitch Ray war der behandelnde Arzt!
Lady Bitch Ray, »Du bist krank«, 2016

Die Mischung aus der Kunstfigur Lady Bitch Ray und der Forscherin Dr. Reyhan Şahin ist jetzt greifbar wie selten zuvor. »Es ist eine Schande, was im Deutschrap in den letzten zehn Jahren passiert ist entwicklungstechnisch. Die Frau ist wieder eine Nutte. Es ist ein Witz, dass kleine Jungs immer noch die Macht haben, die Bitch wieder mit einer Prostituierten oder Sexarbeiterin gleichzusetzen – was ja so nicht mal schlimm wäre. Aber sie werten das ja negativ ab. Weibliche Sexualität wird wieder kontrolliert. Die Frau, die mit vielen Männern schläft, ist wieder im negativen Sinne eine ›Nutte‹. Das Schlimme ist, das wird ja auch von Frauen mitgetragen, auch von Künstlerinnen. Mich kotzt es an, dass dieser Hip-Hop, der eigentlich so progressiv ist, wieder so angepasst ist in Deutschland. Die sollen sich ficken. Ich finde, es ist an der Zeit, wieder Bitch-Rap zu machen, um diesen Vollhonks zu zeigen, dass ihre Cis-Schwänze so klein sind. Wer damit ein Problem hat, der soll kommen. Sollen die alle nur kommen!« Ein weiterer Mic Drop!

Sie verschränkt die Arme vor der Brust in klassischer B-Girl-Manier, die bunten Collegeärmel leuchten wie ein Schutzpanzer im müden Hamburger Sonnenlicht, und in Reyhans Augen liegt jetzt wieder dieser Ausdruck wie am Anfang unserer Unterhaltung, als wir uns noch im Uni-Hörsaal befanden. Diese Mischung aus einem nicht zu brechenden Selbstbewusstsein und absoluter Weigerung, sich für irgendetwas zu entschuldigen. Kein Zucken, keinen Millimeter zurückweichen, auch im chaotischen Getümmel der Reeperbahn nicht. Da erst recht nicht.

Deutschraps aktueller König Haftbefehl rappte einst: »Kanaken in Deutschland? Ich bin nur Sohn meines Vaters!« Bei Dr. Bitch Ray klingt das Ganze noch etwas ausformulierter und selbstbewusster wenn sie sagt: »Ich bin Reyhan Şahin aka Dr. Bitch Ray, und meine Eltern sind Kanaken, genauso wie ich.«

Sugar MMFK
Ein deutscher Mann

Die deutsche Rap-Szene ist ein Wespennest. Es genügt die kleinste Erschütterung und alle sind alarmiert. Meistens handelt es sich dabei um Nonsens. Rapper XY hat etwas über Rapper Z gesagt. Nein, Stopp. Rapper XY hat in seiner Insta-Story eventuell angedeutet, dass er etwas gesagt hat, womit er theoretisch Rapper Z gemeint haben könnte. Und schon ist der Wespenschwarm in heller Aufregung. Jetzt werden Anrufe getätigt, es wird diskutiert, Dutzende YouTuber teilen ihre Meinung zum Sachverhalt mit, und es entstehen verschiedene Lager von Fans, die sich für ihren jeweiligen Star einsetzen. Es ist die Daily Soap des deutschen Hip-Hops.

Dass die Rap-Szene aber auch ganz anders kann, bewies sie im März 2019. Und zwar zu einem Zeitpunkt, als es plötzlich um etwas Ernsthaftes ging. Als jemand Hilfe brauchte. Als es um eine Ungerechtigkeit ging. Denn im März 2019 erfuhr der Rapper Sugar MMFK, geboren als João Michel Diaus in Linz am Rhein, dass er innerhalb von 24 Tagen das Land verlassen soll. Nach 26 Jahren. Aber nicht nur das Land, sondern direkt sämtliche Schengen-Staaten. Sugar MMFK stand unmittelbar vor der Abschiebung. Und das alles wegen eines bürokratischen Missgeschicks. Aber die Szene reagierte. Eine Petition wurde gestartet, viele der sonst so zerstrittenen Künstler und Künstlerinnen teilten die zahlreichen Aufrufe, die Abschiebung zu stoppen. Die großen Hip-Hop-Portale verbreiteten die Kampagne ebenso, das Thema war allgegenwärtig. Knapp 40 000 Menschen unterschrieben die Petition letztendlich, auch Medien abseits der Rap-Welt wurden auf die Geschichte aufmerksam und berichteten.

Und tatsächlich, durch die gesteigerte Aufmerksamkeit und den Einsatz seiner Anwältin durfte João Michel Diaus bleiben. Vorerst. In Deutschland, dort, wo er geboren und aufgewachsen ist. Denn sicher ist nichts, in einem Land, in dem man alle drei Monate zur Asylbehörde gehen und auf die Gunst einer Bürokratie vertrauen muss, die ihrem Namen in seiner ursprünglichen Bedeutung alle Ehre macht: Herrschaft der Verwaltung.

Als Sugar 1993 geboren wird, ist seine Mutter gerade erst vor wenigen Wochen aus der angolanischen Hauptstadt Luanda nach Deutschland gekommen. Der Vater kann aufgrund von Problemen mit seinen Papieren erst viele Jahre später einreisen, und so macht sich die hochschwangere Frau alleine auf den Weg in ihre neue Heimat. In ihrem Geburtsland Angola tobt seit fast 20 Jahren ein erbitterter Bürgerkrieg. Nach Angolas Unabhängigkeit von der Kolonialmacht Portugal im Jahr 1975 beginnen die blutigen Auseinandersetzungen, die schnell zu einem Stellvertreterkrieg mutieren. Der Ostblock, einschließlich des kommunistischen Staates Kuba, und die Westmächte, mit Unterstützung des Apartheidregimes in Südafrika, liefern sich eine grausame Schlacht – und dies vor allem auf dem Rücken der Zivilbevölkerung. Es geht, wie immer, um Macht und um den Zugriff auf die wirtschaftlichen Ressourcen des Landes.

»Für meine Mutter war das sehr schwer, vor allem auch ohne Mann, mit zwei Kindern an der Hand zu flüchten«, erzählt Sugar, während wir durch die kleinen Straßen mit den putzigen Fachwerkhäusern laufen, die nach wie vor sein Zuhause sind.

»Man stellt sich das immer so einfach vor. Man setzt sich in den Flieger, kommt in Deutschland an und kriegt Unterstützung. Aber so war das überhaupt nicht. Sie musste erst einmal von Angola Mittel und Wege finden, nach Portugal zu kommen. Von Portugal dann irgendwie nach Österreich, von Österreich nach Deutschland, und das mit zwei Kindern im Arm. Und dann noch einem Baby im Bauch.« Das Baby ist er, João Michel. »Man weiß nicht, wo man landet. Man weiß auch nicht, ob man überhaupt Hilfe oder Unterstützung kriegt. Und das Schlimmste für sie war, keinen Kontakt zu meinem Vater zu haben.« Getrennt von ihrem Ehemann und komplett auf sich allein gestellt, strandet die Frau schließlich in der Peripherie von Bonn. »Als wir ankamen, sind wir erst mal in einem Asylheim in Linz gelandet. Dann haben wir vom Amt eine Wohnung zugewiesen bekommen. Wir waren die Exoten, sag ich mal. Ich war auch das erste afrikanische Baby im Linzer Krankenhaus. Das erste schwarze Kind im ganzen Umkreis. Dadurch hatte ich schon einen Promi-Status in meinem Heimatdorf.«

Im Gegensatz zu vielen anderen Gestrandeten hat Sugar nur Positives über seine ersten Jahre in Deutschland zu berichten. »Ich hatte eine super Kindheit, war sehr vertraut mit allen, hatte viele Freunde. Wir wurden da super von der Gemeinde aufgenommen. Jeder kannte dort jeden, alle hatten ein sehr familiäres Verhältnis, die Nachbarn waren unglaublich hilfsbereit.« Er zeigt auf die Häuser und Orte, an denen er spielte, mit dem Dreirad die Einfahrt hoch- und runterfuhr und schnell Freunde fand. »Du musst dir vorstellen, dass du das einzige schwarze Kind im Kindergarten bist oder die einzige schwarze Familie im Dorf. Das war zu der Zeit auch nicht so üblich, dass jetzt so eine schwarze Familie in so einem Dorf lebt. Das war eben so ein kleiner Ort bei Linz. Jeder kannte uns, wir sind halt aufgefallen. Sie haben auch alle direkt von unserer Geschichte erfahren, dass wir Geflüchtete sind, dass ich im Asylheim geboren wurde und meine Mutter mit mir im Bauch geflüchtet ist. Das hat viele so emotional gepackt, dass sie sofort ihre Unterstützung angeboten haben, zu der Zeit. Egal, wo wir dann hinkamen, jeder hat seine Hilfe angeboten, Sachen umsonst gegeben oder halt Dinge verschenkt, die sie nicht mehr brauchten. Das war aber auch nötig, es gab irgendwann keine Hilfe mehr vom Staat, und meine alleinerziehende Mutter hat sich mit Putzen durchgeschlagen. Wir waren dankbar für jede Unterstützung, die wir kriegen konnten.«

Doch schon bald sollte sich zeigen, dass hinter so manch idyllischer Fassade eine hässliche Fratze wartete. Als Sugar sechs Jahre alt wird, kommt er in die Schule. So wie jedes andere Kind in seiner Umgebung. Nur wird er nicht behandelt wie jedes andere Kind, das merkt er früh. »Schon in der ersten Klasse hatte ich sehr große Probleme mit meiner Lehrerin. Ich war ein ganz normaler kleiner Junge, ein ganz gewöhnliches Kind. Hab auch mal Blödsinn gemacht, war verspielt, nicht immer konzentriert.« Was folgt, ist eine dieser Geschichten, die man immer wieder mitbekommt, wenn man Menschen zuhört, deren Familie neu in dieses Land kam. Es sind Geschichten, die man kaum glauben mag, doch die in ihrer Häufigkeit nicht als Einzelfälle abzutun sind. Und die sich tagtäglich in Deutschland wiederholen, um dann – wie im Juni 2020 nach der Ermordung George Floyds – als »dunkle Kapitel« einer erfolgreichen Integrationserzählung über die Bildschirme zu flackern:

> *Dunkles Kapitel unserer Geschichte*
> *Gestern noch Bilder in Schwarz-Weiß*
> *Jetzt übertragen sie es in Farbe*
> *Und ich frag mich wie viel' Seiten sind noch frei?*
> **Sugar MMFK, »Dunkles Kapitel«, 2019**

Es sind Geschichten von Alltagsrassismus, und die folgende zeigt diesen in seiner abstoßendsten Form. Als die Lehrerin eines Tages die Klasse betritt, herrscht noch Gewusel. Die Kinder schreien herum, laufen durch den Raum, das übliche Verhalten kurz vor Beginn einer Stunde. Dutzende Kinder müssten ermahnt werden. Doch die Lehrkraft sucht sich jemand ganz Bestimmten aus, den sie an den Pranger stellt: Sugar. Sie bittet ihn nach vorne, um ihn zu maßregeln, vor der ganzen Klasse. Dann fordert sie ihn auf, sich in Richtung der Klasse zu drehen, nimmt den Mülleimer und leert ihn, unter schallendem Gelächter seiner Mitschüler und Mitschülerinnen, über seinem Kopf aus. »Für mich war das in dem Moment gar nicht so schlimm irgendwie, alle haben gelacht, und ich habe automatisch auch gelacht. Aber im Nachhinein haben das meine Klassenkameraden dann ihren Eltern erzählt. Meine Mutter war vollbeschäftigt mit drei Kindern zu Hause. Dass ich von der Schule nach Hause komme und dann noch erzähle: *Ja, in der Schule war's so und so,* das gab es nicht bei uns. Meine Mutter hat der Schule vertraut. Sie hat gedacht, dass man in der Schule gut lernt, und das war's. Als sie das erfuhr, war sie sehr, sehr verletzt und enttäuscht. Sie hat geweint. Und da habe ich erst verstanden, was eigentlich passiert ist. Da habe ich realisiert, dass mir Ungerechtigkeit widerfahren ist. Auch, weil die Sache nie aufgeklärt wurde.« Das Angst-Ereignis hinterlässt tiefe Spuren, auch in Sugars Texten:

Ich muss Texte schreiben
Lasse mich von Ängsten leiten
Hoffe insgeheim immer noch auf bessere Zeiten
Sugar MMFK, »24 Stunden Blockleben«, 2016

Begriffe wie Rassismus sind sowohl ihm wie auch seiner Mutter fremd – zumindest bis zu diesem Punkt, der ihn für immer beeinflussen soll. »Das hat mich in der Schulzeit geprägt, meine ganze schulische Laufbahn lang. Ich hatte immer wieder verschiedene Lehrer und Lehrerinnen, und ein halbes Jahr hat das funktioniert mit denen, aber dann bin ich sitzen geblieben, habe Ärger bekommen, habe freiwillig wiederholt, die Schule wechseln müssen. Viele der Lehrkräfte, muss man auch sagen, konnten gar nichts dafür. Die waren einfach die Leidtragenden meiner Erfahrung und meiner rebellischen Einstellung. Ich hab mir irgendwann gar nichts mehr sagen lassen. Im Vordergrund stand mein Ego und dieses Gefühl, meine Würde behalten zu müssen. Und das hieß für mich oft, auf den Unterricht zu scheißen.«

Ein Kinderpsychologe würde vielleicht sagen, dass ihm eine Vaterfigur gefehlt hat. Eine Sozialarbeiterin das Trauma mit dem Mülleimer als Grund anführen. Aber letztendlich ist unser Verhalten die Summe von Ereignissen, Gefühlen und Charaktereigenschaften, die uns zu denen werden lassen, die wir sind. Und dennoch ist der fehlende Vater natürlich ein allgegenwärtiges Thema.

»Am Anfang habe ich immer gesagt: *Mein Vater kommt bald, mein Vater kommt bald.* Die Kinder, die mit mir auf der Schule waren, die sind mit ihren Vätern Fußball spielen oder angeln gegangen. Die haben mich eingeladen, und dann habe ich immer gesehen, die haben eine komplette Familie. Bei uns gab es das nicht. Mein Vater war nie da. Ich habe dann irgendwann erzählt, dass er gestorben ist, weil mich diese Fragen genervt haben. Immer dieses: *Wo ist dein Vater? Wann kommt er?* Und ich kannte ihn ja auch nicht. Also hab ich einfach gesagt, er ist gestorben. Es gab auch keine Momente, in denen ich mit ihm telefoniert habe oder ein Bild von ihm hatte. Einfach wegen dem ganzen Krieg. Meine Mutter hat ja alles dalassen müssen.

Und durch diese Phase, in der ich gesagt habe, dass er gestorben ist, hatte ich das mit der Zeit auch verinnerlicht: Ich habe einfach keinen Vater.«

Und so sollte es auch bleiben, bis er eines Nachts geweckt wird. In seinem Zimmer, kaum sichtbar, steht eine riesige Gestalt. Verschlafen öffnet Sugar die Augen und spürt instinktiv, wer dieser Mann an seinem Bett ist. »Es war dunkel, ich war am Schlafen, aber ich habe das irgendwie direkt gespürt. Er war mir so vertraut. Er hat mich vom Bett runtergehoben und auf seinen Schultern getragen. Und ich habe gespürt, dass das mein Vater ist.« Er denkt kurz nach, als wollte er diesen Moment noch einmal einfangen und ihn festhalten. »Das war der schönste Moment aller Zeiten, als mein Vater gekommen ist. Der schönste Tag in meinem ganzen Leben. Das werde ich nie vergessen.«

Mit dem Vater kommen auch neue Traditionen und Bräuche ins Haus. Plötzlich betet die Familie jeden Tag, Dinge, die der kleine Junge vorher nicht kannte. Und noch etwas bringt der Vater mit, etwas, das Sugar bis heute nicht losgelassen hat: »Mein Vater hat die Musik in mein Leben gebracht. Vorher gab es das nicht bei uns. Er hat die gesamte angolanische Kultur zu uns gebracht. Für mich war das ein richtiger kleiner Kulturschock. Plötzlich hat sich mein Leben verändert. Draußen gab es das eine Leben, mit den Freunden und den deutschen Regeln, und zu Hause musste ich auf einmal beten, musste aufpassen, dass meine Hose nicht dreckig wird. Bis dahin durfte ich mich schmutzig machen, wie ich wollte, das war vollkommen egal. Da kamen dann auch gemischte Gefühle hoch. In meiner Vorstellung bin ich immer mit meinem Vater angeln oder Fußball spielen gegangen. Aber in der Realität hieß es dann, in die Kirche gehen, beten, diszipliniert sein. Ab diesem Moment war die Kindheit irgendwie vorbei.«

Endlich ist die Familie wieder vereint. Doch auch wenn seine Mutter ihr Bestes gibt, um alle zu ernähren, reicht es hinten und vorne nicht. Der Vater, ein gelernter Elektriker, darf nicht arbeiten. Die Papiere sind nicht vollständig, es ist mal wieder die Bürokratie, die ihnen einen Strich durch die Rechnung macht. Wenn Klassenkameraden zu Besuch kommen, schämt sich der Junge. Besucht er seine Freunde, dann sieht er Spielekonsolen, jeder hat einen eigenen Fernseher, der Kühlschrank ist immer prall gefüllt. »Ich hatte so was nicht. Ich hatte nichts, was ich denen anbieten konnte. Wir hatten ein großes Wohnzimmer, da wurde der Raum in der Mitte getrennt, mit Bettlaken. Und da lagen dann die Matratzen zum Schlafen. Auf der einen Seite vom Vorhang eine Matratze und auf der anderen Seite eine Matratze. Auf der einen Seite hat meine Mutter geschlafen und auf der anderen Seite mein Bruder.« Auch eine Realität der »Generation Beton«:

Generation noir, Generation Beton
Blickwinkel straight aus dem Ghetto
Mama sagt: »Pfandflaschen sind keine Last,
sondern Rettung
Geh, bring die Tüten zu Netto!«
Sugar MMFK, »Melodien«, 2019

Durch die Scham kommt auch die Abkapselung. Wer das Gefühl hat, nicht dazuzugehören, der sucht sich eine Nische, in die er hineinpasst. »Ich hab dann angefangen mir Freunde zu suchen, die so was auch von zu Hause kennen. Dann war ich halt viel mit Jungs aus dem Kosovo zusammen, Albanern. Mit denen bin ich aufgewachsen. Die kannten genau denselben Struggle, wie ich ihn von zu Hause kannte.« Gleich und Gleich gesellt sich gern, sagen alte Menschen. Das klingt logisch, aber auch abwertend.

Die Wahrheit ist, dass man in allen Menschen einfach immer auch nach etwas sucht, was einem vertraut ist. Und die Kids aus dem Kosovo hatten etwas an sich, was Sugar bekannt vorkam. »Wir hatten einfach denselben Film. Wir kannten genau dieselben Sachen von zu Hause, und das waren dann die Jungs, mit denen ich dauernd unterwegs war. So von neun bis vierzehn Jahre ungefähr. Das wurden sehr, sehr enge Freunde. Aber irgendwann habe ich mich trotzdem danach gesehnt, auch mal schwarze Leute zu treffen. Schwarze Jungs, Jungs aus meiner Heimat. Auch einfach, weil ich diesen Drang nach meiner Kultur hatte, ich wollte sie besser kennenlernen. Jetzt nicht nur die Oldschool-Sachen von meinen Eltern, sondern auch wie junge Leute unsere Kultur interpretieren. Irgendwann hab ich so ein Mädel kennengelernt. Linda hieß sie, eine Latina. Die ist immer nach Köln gefahren. Da waren halt auch andere Latinas, ihre Cousinen, und diese Cousinen waren dann mit anderen schwarzen Jungs unterwegs. Und durch diesen Kontakt bin ich dann auch zu neuen schwarzen Freunden gekommen.«

Der Jugendliche, der damals noch von allen in seinem Umfeld João Michel genannt wird, fühlt sich willkommen. Endlich trifft er Menschen, die die gleichen Erfahrungen wie er gemacht haben, oft bis ins Detail. Und er bekommt seinen Spitznamen, der ihn bis heute begleitet.

»Da gab es so kleine Grüppchen, zum Beispiel die PPC Junior, Black-Attack-Mafia, Dogfam und so weiter. Jeder hatte einen Spitznamen. Außer mir. Ich kann mich noch genau daran erinnern, ich war damals auf einer Hausparty von denen. Die haben irgendwie ein ganz anderes Leben geführt. Ich kam da aus meiner kleinen Stadt nach Köln und war begeistert. Keiner wusste davon, nicht mal meine Mutter. Und Stück für Stück hab ich mir da eine Basis aufgebaut.«

Wir sind etwas abgeschweift, als wir uns in das Studio begeben, im dem Sugar seine Songs aufnimmt. »Ach ja genau, also auf dieser besagten Hausparty gab's so ein Mädchen, die hat die ganze Zeit gerufen: *Oskar, Oskar, Oskar.* Und ich dachte so: *Hä, wen meint die mit Oskar?* Dann tippt die mich so an und sagt: *Hey Oskar, ich ruf dich, die ganze Zeit.* Und ich sag: *Ich heiß nicht Oskar.* Und sie so: *Ach nein, wie heißt du denn dann?* Und ich hab gesagt: *Nenn mich einfach Sugar.* So kam das dann. Die anderen hießen Flame und so, komische Namen einfach. Sugar klang für mich irgendwie cool. Und von da an haben mich alle so genannt, und der Charakter *Sugar* hat sich immer weiterentwickelt mit der Zeit. Das war wie ein Doppelleben. Zu Hause bin ich João Michel, aber draußen bin ich Sugar. Das war ein bisschen, als hätte ich eine Maske auf. Auf der Straße führst du das eine Leben, und bei meiner Familie bin ich wieder mein anderes Ich und kann vergessen, was draußen war. Das war auch wichtig für mein Gewissen.«

Denn mit der Großstadt und den neuen Freunden kommen auch ganz andere Erfahrungen. Sugar wird in Schlägereien und Straftaten verwickelt, bekommt es mit der Polizei zu tun:

> *Zehn von zehn*
> *Blaue Lichter, in mei'm Block die Melodie*
> *Sag dem Richter, ich mach Geld mit Melodien*
> *Schreib Geschichte für die Street auf Melodien*
> Sugar MMFK, »Melodien«, 2019

Gewalt spielt zu dieser Zeit eine enorme Rolle in seinem Leben: »Gewalt war immer eine Art zu beweisen, dass man jemand ist. Wenn man jung ist und nicht viel gesehen hat, aber ein paar Muckis hat und sich schlagen kann, dann greift man öfters mal zu diesem Mittel. Wenn jemand etwas sagt, was dir nicht gefällt, dann zeigst du halt kurz, dass du nicht schwach bist, indem du einen weghaust. Und mit der Zeit habe ich dann gemerkt, okay, diese Variante funktioniert, Leute weghauen.«

Sugar war nie einer, der aktiv Stress gesucht hat. Aber die Entwicklungen in seinem Umfeld, Drogen und die üblichen Machtspiele unter Jugendlichen ziehen ihn in eine Welt, die für ihn schnell zur Sucht wird. Zum einzigen Erfolgserlebnis, das er kennt. »So richtig gewalttätig waren wir zu der Zeit, als wir viel gekifft haben, aber kein Geld hatten, um das zu finanzieren. Das heißt, wir haben Leute abgezogen. Wir haben anfangs irgendwelche Jungs abgezogen, Ticker meistens. Wir haben das Zeug genommen und deren Geld und hatten dann quasi das Material zum Rauchen und Geld, um uns einen Döner zu holen. Wir haben ja nichts gespart oder so. Aber es wurde dann immer mehr, weil der Konsum immer mehr wird. Man gewöhnt sich an dieses schnelle Geld. Man braucht immer mehr. Man wird älter, man will feiern gehen.«

Sich die lange verwehrten Wünsche seiner Jugend von seinen Eltern, etwa durch Taschengeld, finanzieren zu lassen passte nicht zu seinem Selbstverständnis. »Meine Einstellung war: Ich kann mir die Sachen nicht von meiner Mutter finanzieren lassen, meine Mutter hat hart gearbeitet dafür, die geht putzen für das Geld. Und ich kann jetzt nicht von diesem Geld einen Joint kaufen oder Party machen gehen. Also musste ich irgendwie anders an Geld kommen. Aber ich war halt noch Schüler.« Ungefähr zu diesem Zeitpunkt begann seine Vision von einem anderen Leben, einem besseren Leben. Einem Leben mit und für etwas, das man liebt. Zum Beispiel Musik.

Und diese Vision wurde Realität. Inzwischen hat er sein altes Ich hinter sich gelassen. Was aber nicht bedeutet, dass ihn diese Phase seines Lebens nicht länger beschäftigen würde. »Diese vergangene Zeit, die hat mich sehr geprägt und zu dem gemacht, der ich jetzt bin. Ich verarbeite viel von damals in meiner Musik, und genau deswegen gibt es auch so viel Gewalt in meinen Texten.« Daneben aber auch ein sprachlich gekonntes Spiel mit lieb gewonnenen Rap-Klischees:

> *Besser, wenn du meine Hood verlässt,*
> *MMFK wird zu unterschätzt*
> *Ich bin der Grund, warum der Untergrund*
> *wieder bunter wächst*
> Sugar MMFK, »ÄÄ«, 2018

Es mag abgedroschen klingen, aber anderen Kids einen Ausweg aus ihrer Misere zu zeigen ist eines der Ziele, die er mit seiner Musik verfolgt. Schon vor seiner Karriere zeichnete sich dieser Wunsch ab. Nach seinem Realschulabschluss geht Sugar aufs Berufskolleg im Bereich Soziales und Gesundheitswesen. Er überlegt sich, Streetworker zu werden, Menschen eine Perspektive zu bieten, mit ihnen zu arbeiten. Doch als er sich um Berufspraktika bewirbt, wollen die Kindergärten und Altersheime, bei denen er vorstellig wird, ein Führungszeugnis sehen. Sein Traum zerplatzt genauso schnell, wie er entstanden ist. Dafür verfolgt er einen anderen Traum umso intensiver und beginnt, Texte zu schreiben.

2015 erscheint dann seine erste EP, das *Ohrfeigenmixtape*, mit dem Underground-Hit »Verlorene Stadt«. Schnell wird er wahrgenommen und verdient sich seine ersten Sporen in der Szene. Schritt für Schritt nähert er sich dem kommerziellen Erfolg, unterschreibt beim Label Bantu Nation, das kurz darauf von Universal unter die Fittiche genommen wird, und veröffentlicht Album nach Album. Drei Stück sind es mittlerweile. Alles läuft nach Plan, könnte man meinen. Bis zu jenem Tag im März 2019, als er mal wieder zur Ausländerbehörde muss.

»Ich hatte immer so eine Fiktionsbescheinigung gehabt, das

ist eine temporäre Aufenthaltserlaubnis. Die musst du alle drei Monate verlängern. Ich bin hier in Deutschland geboren, aber ich wurde als Asylant eingetragen, weil meine Mutter die Sprache nicht verstand. Sie sollte Papiere ausfüllen, für die Essensausgabe und all so was, für mich und meine Geschwister. Ihr hat niemand geholfen, und dann hat sie uns da alle eingetragen, aber in Wirklichkeit war das ein Schreiben, mit dem man Asyl beantragt.« Damit ging für ihn der ganze bürokratische Ärger los, der sich bis heute durch sein Leben zieht.

»Ich habe damals bei Infas gearbeitet, das ist so ein Institut für angewandte Sozialwissenschaften. Telefonumfragen und so. Und da musste ich dann alle drei Monate immer wieder dem Chef zeigen, dass mein Aufenthaltsstatus noch aktuell ist, und das hat die Leute da natürlich auch abgefuckt. Die meinten: *Kümmre dich mal!* Und das war halt immer so, egal, wo ich gearbeitet hab. Aber so richtig ans Tageslicht kam meine Situation erst, als ich zum Stadthaus gegangen bin, um eine Bescheinigung für meinen Führerschein zu beantragen. Die brauchte ich, um mit den Fahrstunden zu beginnen. Die haben mich dann zum Ausländeramt geschickt, weil diese Duldung nicht anerkannt wurde. *Das kriegt jeder Flüchtling,* meinten die zu mir. Das war schon komisch für mich, ich bin schließlich hier geboren. Aber gut, dann bin ich da hin und hab denen meine Papiere gezeigt. Die Sachbearbeiterin hat die Papiere genommen, weggepackt und mir gesagt, die seien ab sofort ungültig und dass ich nicht mal einen Monat hab, um zu gehen.«

Sugar weiß weder warum noch wird ihm vor Ort irgendetwas erklärt. Im Nachhinein stellt sich heraus, dass seine angolanischen Reisepapiere seit 2010 abgelaufen sind. Er muss sich also erst einmal um angolanische Papiere kümmern, um dann einen deutschen Pass beantragen zu können. »Aber das Problem dabei ist, ich bin ja in Deutschland geboren. Warum soll das angolanische Konsulat mir einen angolanischen Pass ausstellen? Aber das deutsche Konsulat verlangt halt von mir, mich in Angola zu registrieren, damit ich da einen Pass kriege, um dann quasi nach Deutschland zu kommen und einen deutschen Pass zu kriegen. Das macht gar keinen Sinn. Das ist einfach ein Systemfehler. Ich bin doch hier geboren. Meine Geburtsurkunde ist deutsch, alles ist deutsch. Ich bin da nicht registriert. Ich gehe also zum angolanischen Konsulat, und die sagen natürlich: *Ja, was machst du denn hier?* Die kennen mich gar nicht. Das ist genau so, als ob du jetzt einfach zum türkischen Konsulat gehst und sagst: *Ich brauch einen türkischen Pass.* Da sagen die natürlich: *Dich gibt's hier nicht. Wo sollen wir anfangen? Du musst hier erst mal Asyl beantragen. Dann musst du dies und das beantragen, damit du hier irgendwie Papiere kriegen kannst.* Es macht alles einfach gar keinen Sinn. Und das zieht sich jetzt schon so ein paar Jahre. Und dann hatten die einfach die Nase voll und wollten mir Druck machen oder mich ausweisen, wegen der ganzen Flüchtlingspolitik. Und man muss dazu sagen, dass ich mittlerweile schon seit einigen Jahren wirklich gar nichts mehr mit Straftaten zu tun habe und mich inzwischen wirklich etabliert und auch integriert habe. Also wenn Integration bedeutet, dass man anfängt, Steuern zu zahlen, die Sprache spricht und hier lebt. Keine Ahnung, was Integration überhaupt sein soll in dem Sinne, aber ich bin hier geboren. Mehr integrieren kann ich mich nicht. Soll ich meinen Nachnamen deutsch machen, damit sie mich akzeptieren?«

Es klingt nach dem »Haus der Verrückten« aus dem Asterix & Obelix-Film *Asterix erobert Rom*, in dem sich die beiden gallischen Freunde auf der Suche nach dem Passierschein A 38 befinden, den man angeblich an Schalter Nummer eins erhält. Treppe um Treppe wird gelaufen, Büro um Büro abgeklappert auf der Jagd nach dem ominösen Schein. Immer wieder werden sie vetröstet, immer wieder ins nächste Zimmer geschickt. Am

Ende ihrer Suche herrscht das komplette Chaos, und niemand versteht mehr irgendetwas, nicht mal die Beamten selbst.

Ganz so witzig wie in dem gallischen Abenteuer geht es bei Sugar jedoch nicht zu. Auch seine Familie belastet die Situation stark. »Vor allem für meine Mutter ist das unglaublich schwer, weil sie das alles durchgemacht hat. Die ganze Flucht und den Krieg. Das hat sie natürlich alles noch im Kopf. Und politisch betrachtet, ist die Lage in Angola nach wie vor instabil. Es kann morgen einfach wieder losgehen. Ein Menschenleben ist dort nichts wert, das weiß meine Mutter. Sie hat diesen Krieg mitbekommen, und dann soll ihr Sohn, der hier geboren ist, dahin abgeschoben werden? So ganz allein? Das kann sich eine Mutter gar nicht vorstellen. Natürlich ist das sehr, sehr traurig.«

Und dennoch zieht er auch etwas Positives aus diesem bürokratischen Irrsinn, der ihn nach wie vor täglich beschäftigt und plagt. »Aber meiner Mutter hat es auch sehr viel Kraft gegeben, zu sehen, wie viele Menschen eine Petition starten, unterschreiben, wie viele Menschen mobilisiert werden konnten. Das ging bis zum Fernsehen, bis zum Radio, WDR, BIG FM. So viele Leute, selbst der Bürgermeister, haben etwas gesagt, sich eingesetzt. Auch die Caritas hat sich eingesetzt, für die habe ich mal eine Aktion gestartet, ohne irgendwas dafür zu verlangen. Damals haben wir Klamotten gesammelt für die Caritas beziehungsweise für Notleidende. Es ist ganz einfach: Wenn man was gibt, kriegt man auch etwas zurück. Auch ohne dass man es unbedingt verlangt. Und das haben diese Menschen mir gezeigt. Sie haben mir Kraft gegeben, einfach so weiterzumachen, durchzuziehen.«

Bleibt zu hoffen, dass sich auch die Herrschaft der Verwaltung einmal einsichtig zeigt und Vernunft über Zahlen und Beamtenkürzel stellt. Denn trotz all dieser Erfahrungen steht eins für Sugar vollkommen fest: »Für mich ist Heimat da, wo ich aufgewachsen bin, wo ich die Sprache spreche, wo meine Familie lebt, wo meine Freunde sind, wo ich laufen gelernt habe. Das ist für mich Heimat.« Er lacht laut, als er den Satz in seinem Kopf formuliert, den er gleich sagen wird. »Ich bin auf jeden Fall ein deutscher Mann. 100 Prozent.« Wird Zeit, dass das auch die Menschen verstehen, die so lebensbestimmende Entscheidungen mit irgendwelchen Stempeln fällen.

Enemy

Gegen jede Ungerechtigkeit

Für die meisten deutschen Kids sind es vermutlich die Gebrüder Grimm, die ihre Ohren, Augen und nicht zuletzt Herzen erstmals für die Welt der Bücher öffnen. Eine Welt, an deren Beginn fantastische wie schaurige Märchen, Sagen und Fabeln den jungen Geist an die Hand nehmen und immer tiefer ins Dickicht der Literatur führen. Dorthin, wo sich Romane, Novellen und Essays ins schier Unendliche in den Himmel stapeln, jedes Buch für sich eine neue, eigene kleine Welt, ein Biotop im Biotop. Bis dann irgendwann die Schulbücher kommen und zu einem literarischen Schleudersitz mutieren, der viele pubertierende Leser mit einem schmerzhaften Ruck aus dieser Welt herauskatapultiert. Wenn wir Enemy so ansehen, scheint er den roten Knopf zum Glück unangetastet gelassen zu haben. Und so streift er noch immer mit derselben Begeisterung wie damals durch das Dickicht beziehungsweise die Gänge des Jacob-und-Wilhelm-Grimm-Zentrums, wie die Bibliothek der Humboldt-Universität heißt. Er ist und bleibt hungrig auf das nächste papierne Abenteuer. Sei es von Fremden geschrieben oder von ihm selbst.

Enemy ist ein Rapper, der es irgendwie hingekriegt hat, neben dem Texteschreiben, den Studiosessions, Interviews und Videodrehs zeitgleich noch Medizin zu studieren. Auf die Frage, wie er das geschafft hat, antwortet er mit einem Schulterzucken: »Keine Ahnung. Ich hab's einfach gemacht.« Liest man sich den Lebenslauf des selbst ernannten »Arztlacks« durch (eine ironische Mischung aus seinem zukünftigen Beruf und dem Terminus »Azzlack«), kann man schnell mal Gefühle entwickeln, die irgendwo zwischen Ungläubigkeit, Einschüchterung, Bewunderung bis hin zu einem Hauch Antipathie pendeln. Vielleicht ist es auch einfach nur Neid.

Mit 16 Jahren besteht Enemy, der stets Klassenbester war und sogar in der Schule einen Jahrgang überspringen konnte, das Abitur, ergattert nebenbei noch seinen ersten Plattenvertrag und beginnt zu studieren. Es ist der allseits verehrte Rapper Haftbefehl, der Enemy später mit einem Feature auf seinem Song »Kalash« der breiten Deutschrap-Masse vorstellt und auf seinem Label Generation Azzlack signt. Mit 23 schließt Enemy das Medizinstudium ab. Er spricht sechs Sprachen, veröffentlicht Mixtapes und 2020 auch sein erstes Album. Ein lückenloser Lebenslauf – ob in künstlerischer Hinsicht für jemanden, der eine Rap-Karriere verfolgt, oder in akademischer Hinsicht für jemanden, der eine klassische Karriere fern des Musikgeschäfts hinlegen möchte. Enemy will beides – so why can't we have both?!

Hau in den Spiegel wie 'n psychisch Gestörte,
hab Angst vor mir selbst wie ein Phobophobist
Enemy, »Kalash«, 2015

Das sind Zeilen von einem, der sehr früh in zwei Welten gleichermaßen erfolgreich ist. Sein eigentlicher Lebenslauf beginnt jedoch ganz woanders. Weit bevor schulische Glanzleistungen und erste Erfolge im Rap-Game potenzielle Schwiegereltern und deren Töchter und Söhne beeindrucken konnten: bei seinen Eltern. Und vielleicht ist dieser unbekanntere Teil seines Werdegangs sogar der interessantere.

»Meine Eltern kommen beide aus Syrien, wir sind syrische Kurden. Mein Vater ist '91 hierhergekommen und holte später meine Mutter nach. Meine vier Geschwister und ich sind alle in Deutschland geboren«, fasst Enemy nebenbei die Familiengeschichte zusammen. Die Fluchtursachen waren damals, als Enemys Eltern sich entschieden, ein besseres Leben in Deutschland aufzubauen, noch ganz andere als in den letzten Jahren.

Bevor Syrien vom Krieg in Schutt und Asche gelegt wurde, war es ein Land mit hohem Bildungsstandard, reichem kulturellen Austausch – und übrigens auch einer großen Verbundenheit zu Märchen und Literatur. Auch wenn heute von bestimmten Gegenden gerne behauptet wird, es würde sich um rückständige Kulturen handeln, ist das Gegenteil meist der Fall. In Syrien wurde bereits Weltkulturerbe erschaffen, als man sich in dem Gebiet des heutigen Deutschlands noch fragte, ob man sich ein Fell überwerfen oder einfach nackt auf die Jagd gehen sollte.

Aber Syrien war auch immer ein Land mit extremem Stadt-Land-Gefälle, damit verbundener Armut und einer gewissen Antipathie gegen linke politische Ansichten, die traditionell an Machtstrukturen rütteln und so den Status quo infrage stellen. »Mein Vater war politischer Flüchtling«, erklärt Enemy. »In Syrien war er ein hochrangiges Mitglied in der kommunistischen Partei und musste deshalb das Land verlassen. Er ist nicht aus freien Stücken nach Deutschland gekommen – er verließ Syrien, weil er musste. Und Deutschland erschien ihm da als die beste Option.«

Man merkt seiner Stimme, seinem Blick, seiner ganzen Körperhaltung an, dass der Vater eine wirklich wichtige Rolle in Enemys Leben spielt. Er ist der Held seiner ganz persönlichen Lebensgeschichte, bei der wir gerade mal im ersten Kapitel zu blättern begonnen haben. »Mein Vater war Intellektueller«, beginnt Enemy den dichten Stoff seiner Familiengeschichte langsam in feinere Fäden für uns aufzudröseln. »Mit neun Jahren ist er alleine in die Stadt gezogen, weil ihm seine Eltern verbieten wollten, weiter zur Schule zu gehen.« Und nein, das ist kein Tippfehler. Auch wenn es für unsere Helikopter-Parenting-Gesellschaft nahezu unvorstellbar ist, dass sich ein Kind in einem so jungen Alter auf den Weg in eine fremde Stadt macht.

»Schule bedeutete für die einfach unnötige Geldausgaben. Auf dem Land bekommt man Kinder, und die gehen dann auf dem Feld arbeiten. Meine Mutter wuchs auch so auf. Sie war eine sehr einfache Frau. Sie durfte nicht zur Schule gehen, das heißt, sie war nur auf einer Dorfschule bis zur sechsten Klasse. Damals gehörte es sich nicht für Frauen, in die Stadt zu gehen, um allein die Schule zu besuchen. Das war ein sehr, sehr einfaches Leben. Mein Vater entschied sich aber, aus diesem einfachen Leben zu fliehen und der Bildung nachzugehen. Da stand er dann also. Allein als Schüler in der syrischen Wüste.«

Mit fünf syrischen Lira die Woche soll sich Enemys Vater damals erst mal durchgeschlagen haben. Zumindest erzählt er seinem Sohn diese Geschichte. Fünf Lira, das sind umgerechnet circa 60 Cent. Ziemlich wenig, um den Kopf über Wasser zu halten – selbst wenn man kein schutzloses Kind in der Wüste ist, so wie es Enemys Vater damals war. »Eine christliche Familie nahm meinen Vater dann als Erstes auf«, erzählt er, während wir weiter durch die Gänge der Unibibliothek wandern.

Einen völlig Fremden – selbst wenn es nur ein Kind ist – einfach so bei sich aufnehmen und durchfüttern? Klingt für viele vermutlich erst mal ungewöhnlich. »Man kann das mit der deutschen Gesellschaft nicht vergleichen«, erklärt Enemy, während er ein medizinisches Fachbuch aus einem der Regale zieht und durchblättert. »Ich finde, die deutsche Gesellschaft ist ziemlich kalt. Das merkt man allein schon an der deutschen

Sprache. Ich liebe die deutsche Sprache, weil sie sehr vielfältig ist. Aber sie ist emotionslos. In den arabischen Kulturkreisen ist das alles ein bisschen wärmer. Das haben mir auch meine Eltern mitgegeben. Wenn du in die Stadt gegangen bist – zumindest vor dem Krieg –, wurdest du herzlich empfangen. Wenn du auf der Straße warst und gesagt hast: *Ich habe keinen Schlafplatz, ich möchte irgendwo schlafen, ich brauche Essen,* dann haben dich die Leute eingeladen, und du konntest bei denen wohnen, solange es die Gastfreundschaft erlaubt.« Gastfreundschaft ist eben ein hohes Gut im Nahen Osten.

Und so rettete die syrische Gastfreundschaft der Unbekannten Enemys Vater in gewisser Hinsicht das Leben. Der christlichen Familie gefielen die Ideale, die sein Vater vom harten, aber sicheren Landleben ins unsichere, aber zukunftsverheißende Stadtleben getrieben hatten – ins »Bildungsparadies«, wie es Enemy beschreibt. Sie förderten seine akademischen Ambitionen und kümmerten sich um ihn. Er begann schließlich, Jura zu studieren, die syrischen Universitäten und Studiengänge waren damals wie heute fortschrittlich. Auch Enemy hätte übrigens gerne in Syrien Medizin studiert. »Syrien ist das einzige Land, wo man auf Arabisch studieren kann«, begründet er diesen Wunsch. »Ich finde die arabische Sprache sehr schön. Aber das ging halt nicht wegen des Syrienkriegs.«

Mit der wachsenden Bildung entwickelte sich auch das politische Engagement bei Enemys Vater. »Es war gar nicht seine Absicht, politisch aktiv zu werden. Aber die Einzigen, die wirklich Bildung vermittelt haben, auch für die Unterschicht und auch für Menschen, die kein Geld hatten, das waren die Kommunisten. Die haben damals sehr stark soziale Projekte gefördert.«

Als Enemys Vater schließlich nach Deutschland flüchten musste, konnte er sein Jurastudium nicht fortsetzen. Zwei Jahre hätten ihm noch gefehlt. All die Jahre harter Arbeit wurden hier nicht anerkannt, wie es bei so vielen immigrierten Akademikern der Fall ist. Immer wieder hört man diese Geschichten. So oft, dass man nur den Kopf schütteln kann, dabei müsste man eigentlich energisch am gesamten System rütteln angesichts dieser himmelschreienden Ungerechtigkeiten. Den meisten Deutschen ist vermutlich nicht mal bewusst, wie viele studierte Psychologen, Juristen oder Historiker sie schon mal nachts mit dem Taxi sicher nach Hause kutschiert, ihnen Obst verkauft oder ein Regal an die Wand geschraubt haben. Alles ehrenwerte, angesichts ihrer intellektuellen Unterforderung jedoch auch frustrierende Tätigkeiten für viele Leute wie Enemys Vater. »Er hätte das Studium noch mal komplett von vorne beginnen müssen, weil syrisches und deutsches Recht sich fundamental voneinander unterscheiden«, erklärt Enemy und stellt das Buch mit einem dumpfen Knall wieder zurück an seinen Platz. »Zur gleichen Zeit musste er aber schon Geld nach Syrien schicken, weil alle natürlich dachten, die kacken in Deutschland Gold. Weiter zu studieren und noch mal sechs Jahre kein Geld zu verdienen war keine Option.« Erst kommt das Fressen, dann kommt die Moral.

Enemys Vater traf dieser Rückschlag schwer. Kein Studium, keine Zukunft als Jurist, dafür ackern in drei Brotjobs gleichzeitig, um sich im Asylheim in Delmenhorst über Wasser halten und der Familie zu Hause Unterstützung zukommen lassen zu können. Der sogenannte German Dream sieht anders aus. »Es ist für einen Intellektuellen allgemein sehr, sehr schwierig, eine Arbeit zu verrichten, die ihn intellektuell unterfordert«, merkt Enemy an. »Ich glaube nicht, dass Goethe jetzt auch ein guter Bauarbeiter gewesen beziehungsweise dass er damit zufrieden gewesen wäre.« Ist schwer zu beweisen, klar. Aber klingt logisch.

Es ist also verständlich, dass Enemy von frühster Jugend an vom Vater gedrillt wurde, etwas aus sich zu machen. Zur Schule zu gehen, Abitur zu machen, zu studieren. Das Leben leben, für das er selbst einst nach Deutschland geflohen war und das ihm dennoch verwehrt geblieben ist. Bis heute. »Dieser Kampf meines Vaters, Bildung versus einfache Arbeit, der ihn sein ganzes Leben lang begleitete, den trägt er jetzt über uns aus, also über seine Kinder, meine Geschwister und mich«, sagt Enemy ohne jegliche Negativität in der Stimme, die man aus dem Satz, wenn man ihn lediglich liest, heraushören mag. »Dass ich den Bildungsweg so gegangen bin, wie ich es bin, das kommt nur von meinem Vater. Sonst wäre ich genauso wie *jeder andere* auch in meiner Gegend. Da, wo ich herkomme, haben nur drei Leute Abi gemacht, davon bin einer ich. Es gibt keinen aus meinem Viertel, der überhaupt richtig studiert.«

> *Der Kanak aus Hannover-Citys dreckigstem Viertel*
> *Steht am Morgen in der Klinik in 'nem perlweißen Kittel*
> **Enemy, »Arztlack«, 2018**

»Da, wo ich herkomme«, ist bei Enemy eines der sozialschwächeren Viertel in Hannover, wo Enemys Familie sich schließlich niederließ. Den Häuserblock teilten sie sich mit einfachen Arbeitern, Kriminellen und Menschen ohne Perspektive. »Wenn ich an meine Kindheit zurückdenke, dann sind die Erinnerungen trotzdem schön. Man hat das alles ausgeblendet«, erinnert er sich, während wir aus dem Grimm-Zentrum hinaus in die Sonne treten.

»Jetzt weiß ich, dass der Kioskbesitzer von damals ein Junkie war oder dass meine Nachbarn von damals Drogen verkauft haben. Aber es war trotzdem eine schöne Zeit. Auch in einer sozial schwachen Gegend gibt es immer noch Werte. Die Älteren haben uns keine Drogen gegeben. Die haben uns sogar geschlagen, wenn wir geraucht haben!« Er lacht dabei. Nicht, weil er sich an die Schellen als etwas Angenehmes erinnert, sondern weil er sich an die Liebe erinnert, die zwischen den Bewohnern herrschte. Zusammenhalt, selbst in der Misere. Komischerweise funktioniert das manchmal im Prekariat besser als in der heilen Welt. »Fast wie eine Familie«, umschreibt es Enemy.

Enemys Schulzeit verläuft, wie bereits erwähnt, erfolgreich – wenn auch nicht unturbulent. Im Gegenteil. »Ich war der Frechste, der Lauteste, der am meisten Mist gebaut hat«, erzählt Enemy, während wir in Richtung des altehrwürdigen Hauptgebäudes der Humboldt-Universität schlendern. Er konnte sich das aber auch »leisten«, denn: »Ich war gleichzeitig auch der größte Streber, den es gab. Das war halt das Krasseste für mich persönlich, weil ich war zwar frech und hab ständig den Unterricht gestört, aber ich hab halt auch die besten Beiträge geleistet. Dafür haben mich die Lehrer auch extrem gehasst.« Enemy lacht nach diesem Satz. Es ist die Art Lachen, das man nur haben kann, weil man weiß, dass der Schrecken längst der Vergangenheit angehört und vorbei ist. Ein Lachen des Triumphs, aber auch der Erleichterung. »Deswegen auch der Name *Enemy*. *Enemy* kommt eigentlich aus meiner Schulzeit, weil meine Freunde und ich waren halt die, die immer gehasst wurden.«

Seine Schulzeit als Störenfried/Streber endet dann schließlich mit einem Knall – wie sollte es auch anders sein? In den letzten Zügen der Abiturprüfungen ereignete sich ein Vorfall, der darin gipfeln sollte, dass mehrere Lehrer entlassen wurden und keiner aus dem Kollegium zum Abiball auftauchte. »Ein ziemlich guter Freund von mir ist beim Abitur durchgefallen und musste in die Nachprüfung gehen. Präpariert mit den Lösungen für die Aufgaben, plus Kopfhörer im Ohr und einer versteckten Kamera, trat er die Prüfung an und meisterte sie eigentlich mit Bravour. Doch statt der verdienten vierzehn, fünfzehn Punkte bekam er weniger als fünf Punkte«, erzählt Enemy die zugegebenermaßen etwas bizarre Geschichte. Er fährt fort: »Dann wurde ich sauer. Ich fand das ungerecht. Und gegen Unrecht muss man sich wehren – das hat mir doch die Schule beigebracht. Als dann bei der Zeugnisvergabe die Abireden gehalten wurden, bin ich auf die Bühne gestürmt und habe mir das Mikrofon geschnappt. Der Kultusminister, der Rektor – alle Menschen von hohem Rang saßen dort.«

Es folgte eine flammende Rede, in der Enemy von dem Vorfall erzählte und die Hintergründe hinterfragte, die dafür gesorgt hatten, dass sein Freund so ungerecht benotet worden war. »Ich habe sie alle gefragt: *Wie kann das sein? Sind Sie rassistisch? Ja oder nein? Wir sind auf einer Schule, wo fast nur Kanaken sind – wie kann das sein?*« Enemy ist immer noch sichtlich aufgebracht, wenn er sich an den Tag vor so vielen Jahren zurückerinnert. »Ich fragte dann weiter: *Kann es sein, dass die Lehrer einfach nur pädagogisch falsch gehandelt und sich gedacht haben: Okay, der war vorher immer auf 'ner Fünf, wir geben ihm wieder eine?* Daraufhin bin ich dann von der Bühne runtergegangen und habe denen noch ein schönes Zitat von Che Guevara mit auf den Weg gegeben, in dem es heißt, dass man sich gegen jede Ungerechtigkeit auf der Welt wehren soll, als ob sie einem selber geschieht.« Das sind keine Träumereien von Gerechtigkeit, das ist rhetorisch scharfe Munition von einem, der weiß, dass diese Ungerechtigkeiten Träume zerstören können:

Hör auf deine Eltern, Junge, bleib von uns fern
Trag 'n scharfes Gewehr
Jeder hat paar Träume, wir hab'n paar Träume mehr
Enemy, »Wann komm ich raus«, 2018

Wie das Ganze endete, wissen wir ja bereits. So wurde Enemy, der Schüler mit dem besten Abitur seines Jahrgangs, endgültig zum absoluten Lehrerschreck. »Die Lehrer an sich waren gar nicht meine Feinde. Man könnte sagen, ich bin der Feind der Ressentiments – egal, wo sie sich erkennbar machen. Das größte Missverständnis ist, dass man denkt, dass alle Menschen, die aus einer bestimmten Ecke kommen, gleich sind. Alle aus Syrien, der Türkei, dem Irak, aus dem Nahen Osten sind zum Beispiel Terroristen, frauenfeindlich und homophob. Ich finde, das ist ein sehr beschränktes Bild. Das zeugt von Ressentiments. Und es ist faktisch falsch. Syrien als Beispiel war mitunter eines der ersten Länder, in dem es das Frauenwahlrecht gab. Bildung steht an erster Stelle in Syrien. Syrien ist im Nahen Osten ein sehr, sehr fortschrittliches Land, und es ist sehr schade, dass es jetzt so am Ende ist.«

Ressentiments, ob gegenüber ganzen Ländern, Religionen oder eben Menschen, die einen bestimmten Musikgeschmack wie Hip-Hop teilen – für Enemy undenkbar. »Wenn mich zum Beispiel jetzt auch Leute angucken und sagen: *Okay, der ist Rapper, der sieht aus wie ein asozialer Kanake. Der ist jetzt in der Schublade,* und dann aber sehen: *Oh, der studiert Medizin und steht in der Klinik und hat Patienten,* dann denken die sich: *Was? Wie geht das denn?* Genau dieser Mindfuck ist das, was ich erreichen möchte, persönlich. Jetzt nicht unbedingt durch meine Kunst, sondern durch mein ganzes Leben. Das ist meine Welt, die sich immer aus zweien zusammensetzt. Die eine Welt, in der ich lebe, besteht aus Akademikern und intellektuellen Fuzzis. Die andere besteht aus Gangstern und Kanaken. Ich stehe zwischen diesen beiden Welten, und ich komme in beiden gut klar, sehr gut sogar. Es gab noch nie und es wird nie einen Punkt geben, an dem ich mich für eine Seite entscheiden muss. Dann wär ich nicht Enemy.«

Die Gleichzeitigkeit von vermeintlichen Gegensätzen ist

Enemys Lebenselixier, seine Identität. Das wird einem schnell klar, wenn man mit ihm spricht. Aber vor allem wenn er von seiner Kindheit und Schulzeit berichtet, wird einem bewusst, wie weit diese Dichotomie zurückreicht. Enemy sieht sich als eine Art menschliches Yin und Yang und möchte auch als solches wahrgenommen werden. In allem, was er tut. Dabei geht es ihm nicht um Anerkennung. Nach dem Motto: Schaut her, ich schaffe all das TROTZ diesem und jenem. Nein, das ist es nicht. »Ich bin kein Mensch, der um die Anerkennung anderer kämpft. Mir ist ganz wichtig, dass ich am Ende des Tages stolz auf mich selber bin. Mir war ganz lange Zeit die Anerkennung meines Vaters wichtig. In meiner Kindheit und Jugend. Heute auch noch teilweise, aber nur, solange sie nicht mit meinen Idealen beziehungsweise meinen Zielen im Kampf ist.«

Vielmehr ist es ein Drang, der einfach in seiner Seele zu liegen scheint. Vermeintlich Gegensätzliches zu vereinen ist einfach Enemys Weg, sich selbst der Welt zu präsentieren. »Ich hatte schon in jungen Jahren einen sehr, sehr großen Mitteilungsdrang. Ich hab damals schon viele Texte geschrieben und mich in Sprache, im Schreiben richtig gut entfalten können. Das hat mir schulisch beispielsweise bei Aufsätzen geholfen und beim Rappen wiederum, dass ich meine Lyrik mit Musik verbinden konnte.«

Während ziemlich klar scheint, woher Enemys Ehrgeiz stammt, es im klassischen und vielleicht auch etwas spießigen Sinne »zu schaffen«, wissen wir bisher wenig über seine Motivation, auch künstlerisch was zu reißen – außer natürlich, weil es sein Lebenselixier von ihm verlangt.

Die Voraussetzungen waren gar nicht mal so ideal, wie man denken mag. Seine Familie konnte mit Musik nicht viel anfangen. Musik, das war dieses Gedudel, das bei Hochzeiten oder Geburtstagen im Hintergrund läuft. Nichts, womit man sich Ausdruck verschafft. »Ich bin eher über Umwege zur Musik gekommen. Ich bin erst mal aufgewachsen mit Lyrik. Mir haben schon immer Gedichte und allgemein Bücher gefallen. Ich habe sehr, sehr viel gelesen in meiner Kindheit und einfach gemocht, die deutsche Sprache zu erfassen. Ich habe dann irgendwann angefangen, selber Gedichte zu schreiben. Später habe ich dann erst eine Affinität zur Musik bekommen, weil sie etwas leisten kann, was Lyrik nicht vermag. Was mir persönlich an der Lyrik fehlt, das würde man heute *Vibe* nennen. Diese Nuancen, die man mit Sprache einfach nicht treffen kann. Melodien, die kannst du mit keiner Sprache der Welt umschreiben und mit keinen Worten der Welt.«

Inzwischen sind wir vor dem Hauptgebäude der Humboldt-Universität angekommen. Es ist ein imposanter Steinbau, den einst der preußische König Friedrich II. Ende des 18. Jahrhunderts für seinen Bruder Prinz Heinrich errichten ließ. Family first, das ist nicht nur im Rap so, sondern war bei den Kings der früheren Jahrhunderte auch schon Gesetz. Alt und wettergegerbt steht er vor uns, aus jeder Steinritze scheint Geschichte und Wissen zu triefen. Die Studierenden, die aus ihm herausströmen, tragen Trainingsanzüge und Hornbrillen, haben Kopfhörer in den Ohren und Taschen voller Bücher auf dem Rücken. Enemy scheint diese Welt zu gefallen. Nachdem er sein Medizinstudium beendet hat, möchte er vielleicht noch mal Politik und Philosophie studieren. Vielleicht ja hier. Das Institut für Philosophie liegt ebenfalls in dem Gebäude.

Auf dem Hof vor der Uni sind mehrere Tapeziertische mit allerhand Büchern aufgebaut. Sachbücher, aber auch Kunstbildbände, Romane und Biografien, in denen Touristen und Passanten blättern. Auch Enemy nimmt ein Buch aus einem der Kartons heraus. Wäre unsere Geschichte ein Roman, dann hielte er jetzt einen Band *Grimms Märchen* in den Händen. Ist sie aber leider nicht … Einen deepen Schlusssatz, wie er auch im Märchen stehen könnte, hat Enemy aber trotzdem für uns.

»Mein Vater hat mir immer gesagt: Seit dem Kalten Krieg ist die Zeit der Schwerter und Atombomben vorbei. Jetzt ist die Zeit der Bildung und des Buches. Du bist überlegen, wenn du viel weißt, nicht wenn du das größte Schwert hast.« Die Feder ist eben immer noch mächtiger als jede Waffe.

Sandra Lambeck
Ich lebe mein Leben so, wie ich möchte

Das Einzige, was Sandra Lambecks Traumjob aus Teenagertagen mit dem gemeinsam hat, den sie heute tatsächlich ausübt, sind ein Paar Handschellen. Klingt komisch, ist aber so. Eigentlich wollte sie nach der Schule die erste schwarze Polizistin in Deutschland werden. Einfach »ein bisschen frischen Wind« in die Staatsgewalt bringen, wie sie es selbst lachend beschreibt. Ein Casting für die Scripted-Reality-Show *Berlin Tag und Nacht* kam jedoch dazwischen, und statt Handschellen klicken bei Sandra heute nur die Like-Buttons auf ihren Social-Media-Profilen.

Mit über 600 000 Followern auf Instagram ist sie eine der erfolgreichsten Influencerinnen Deutschlands geworden. Ihre Fernsehrollen bei *Berlin Tag und Nacht* und dem Serien-Spin-off *Köln 50667* haben Millionen Kids begeistert. Und ihre Werbeverträge für Schmuckhersteller, Kosmetik-Brands und – jetzt kommen die Handschellen wieder ins Spiel – auch Sexspielzeug bringen ihr deutlich mehr Geld ein, als es ein durchschnittliches Polizistinnengehalt tun würde. Und ich behaupte auch mal, mehr Spaß. Man kann sagen, der eigentliche Traum ist vermutlich, dass sich Sandras Jugendtraum nicht erfüllt hat.

Doch wie viele Träume beziehungsweise Lebenswege begann auch der von Sandra erst mal bescheiden, klein und unscheinbar in einem eher spießigen Randbezirk Berlins: Willkommen in Steglitz, dem größten Open-Air-Altersheim der Landeshauptstadt. »Ich würde Steglitz als einen sehr ruhigen Ort bezeichnen, mit wenig Kriminalität«, beginnt Sandra ihren Heimatbezirk zu beschreiben. Steglitz liegt am südlichen Rand der Metropole. Ein bürgerliches Grenzgebiet zwischen den dicht bebauten, wuseligen Innenstadtbezirken und den suburbanen, trägen Villen- und Eigenheimvororten Berlins. Den Leuten in Steglitz geht es gut, man übernimmt Patenschaften für die Bäume, die die Gehsteige vor den Mietshäusern zieren, und kauft am Kiosk um die Ecke naturtrübe Apfelsaftschorle. Es ist nett. Aber sofern man hier nicht wohnt oder mindestens eine Oma hat, die es am Wochenende mit Kuchen zu versorgen gilt, gibt es keinen wirklichen Grund, nach Steglitz zu fahren.

Außer natürlich, man erzählt einem Journalisten von seiner Kindheit und wie diese den Menschen, der man heute ist, geprägt hat. So, wie es Sandra heute tut. Sie wirkt dabei ausgelassen, fröhlich. Wie jemand, der sich gern auf eine kleine Reise auf der Memory Lane begibt, weil er eben die Gelassenheit derjenigen innehat, die die richtige Ausfahrt erwischt haben.

> *Ich hatte mir als Ziel gesetzt,*
> *die erste schwarze Polizistin in*
> *Deutschland zu werden.*
> **Sandra Lambeck**

Heute lebt Sandra im Wedding, was einem absoluten Gegenentwurf zu Steglitz in jeglicher Hinsicht gleichkommt. Das beginnt schon bei der Lage. Während Steglitz tief im Süden Berlins liegt, befindet sich der Wedding ganz im Norden der Stadt. Hier ist es sauber und glatt gebügelt, dort laut und schmuddelig. In Berlin kann man eben alles haben, auch den deutschen Spießertraum, entgegen allen Unkenrufen. Als Kind ghanaischer

Eltern fiel das Sandra damals früh auf. »In Steglitz leben fast nur sogenannte Bio-Deutsche. In der Grundschule war ich das einzige schwarze Kind. Später kam noch eins dazu, aber sonst war ich immer die Einzige«, erzählt sie, während sie mitten auf der Fahrbahn die Straße entlangschlendert und die Kapuze ihrer Daunenjacke zurechtrückt.

Der Verkehr ist ruhig, das Einzige, was den feuchten Asphalt berührt, sind Sandras schneeweiße Sneaker. Nicht ein verirrtes Blatt Laub stört das Stadtrandidyll, hier wird noch auf Ordnung geachtet. »Ich hatte aber trotzdem nie das Gefühl, dass ich sehr anders bin als alle anderen. Es gab schon gemeine Mitschüler, die mir das Leben etwas schwer gemacht haben.« Aber das schien mehr an Sandras Art gelegen zu haben als an ihrem Aussehen oder ihrer Herkunft, wie sie sich weiter erinnert. »Ich war immer etwas *tomboyish*, also eher burschikos und deswegen immer sehr cool mit den Jungs, und manchen Mädchen gefiel das nicht.« Wenn man Sandras heutiges Auftreten auf Instagram oder gar ihre Rolle als Michelle in *Berlin Tag und Nacht* im Kopf hat, kann man sich kaum vorstellen, dass sie sich als junges Mädchen das Verhalten ihrer Mitschülerinnen einfach so gefallen ließ, die sie konsequent ignorierten und in der Pause abseits stehen ließen.

Aber damals war Sandra noch anders. Erst als sie in die Oberstufe einer Gesamtschule kam, begann sich ihre Transformation in die laute, selbstbewusste Frau, die Sandra heute ist, so richtig zu vollziehen. »Es war, als hätte ich einen Schutzfilm auf der Haut«, erinnert sie sich. »Ich sagte mir einfach: *Ich werde jetzt ein bisschen lauter. Wenn mir etwas nicht gefällt, dann sage ich das.* Und das hat mich bis heute geprägt. Trotzdem war Schule aber eigentlich immer entspannt. Ich hatte eine gute Kindheit, eine friedliche Kindheit in Steglitz.« Weniger friedlich ging es hingegen zu Hause zwischen ihr und ihrer Mutter zu. »Mittlerweile ist die Beziehung zu meiner Mutter sehr gut.

Wir verstehen uns super«, meint Sandra, relativiert diese Einschätzung jedoch wenige Momente später wieder. »Wobei. Es ist nach wie vor schwierig mit meiner Mutter, aber ich würde sagen, *we are getting there*«, sie lacht, aber man kann sehen, dass Anstrengung hinter diesem Lachen steckt. Während wir weiter auf dem Asphalt der Straße gehen, betreten wir zugleich einen etwas steinigeren Teil von Sandras Straße der Erinnerungen.

> *Es ist schwierig, als alleinerziehende Mutter,*
> *als Frau, einer anderen heranwachsenden Frau zu sagen,*
> *was richtig und was falsch ist.*
> **Sandra Lambeck**

Sandras Mutter verließ Ghana ohne den Vater ihres Kindes, dafür mit ihrer Schwester an der Seite. Angekommen in Deutschland, hielt das neue Leben einige Hürden für sie parat. Als alleinerziehende Mutter hat man es »generell superschwer«. Für ihre Mutter kamen zu den »normalen« Herausforderungen einer Alleinerziehenden wie die alleinige Brotverdienerin, Erziehungsbeauftragte, Mutter und Vater zugleich zu sein, noch eine fremde Sprache plus der Kulturclash mit der westlichen Lebensweise in Deutschland hinzu. Dem Kind alle Möglichkeiten bieten zu wollen, die einem selbst verwehrt wurden, und gleichzeitig dafür Sorge zu tragen, dass es seine Wurzeln nicht vergisst. Nein, mehr noch: dass es seine Wurzeln nicht sogar regelrecht verrät. Das war vermutlich die größte Hürde für Sandras Mutter und somit auch für die Beziehung zwischen den beiden. Eine Hürde, die sie nur haarscharf genommen haben.

Viele Werte, die ihre Mutter aus der Heimat nach Deutschland gebracht hatte und wie einen Schatz hütete, waren für Sandra nichts weiter als lästiger Klimbim, auf den sie gerne verzichtet hätte.«In meiner Jugend habe ich mich sehr auf die westliche Kultur konzentriert«, erzählt sie. Mittlerweile bereut sie das. Auch wenn sie alles versteht, spricht sie die Muttersprache ihrer Mama beispielsweise nicht. »Mir ist die afrikanische Kultur einfach ein wenig abhandengekommen, was sehr schade ist.« Man kann das Bedauern in ihrer Stimme hören. Bei ihrem letzten Urlaub in Ghana ist ihr das besonders aufgefallen. Ich frage, was sie hierzulande denn am meisten aus der afrikanischen Kultur vermisst. »Zusammenhalt«, antwortet sie, ohne lange zu überlegen. »Alle Cousins und Cousinen wohnen teilweise in einem Haus oder in der Nähe. Es wird immer zusammen gegessen. Das fehlt mir hier in Deutschland sehr. Hier macht jeder sein Ding. Jeder muss allein für sich überleben. Diesen Zusammenhaltsgedanken weiß ich heute sehr zu schätzen. Aber damals wollte ich nichts davon wissen. Meine Mutter war sehr streng und hat immer versucht, mir die afrikanischen Werte beizubringen.«

Mit »afrikanischen Werten« meint Sandra vor allem christliche und stark patriarchal geprägte Werte. »Die westliche Welt ist einfach so anders als Ghana. Es war teilweise sehr schwierig, ihr verständlich zu machen, dass gewisse Dinge nicht schlimm sind, wie sie hier sind. Zum Beispiel, dass ich abends ein bisschen länger draußen bleibe oder dass ich mal bei einer Freundin schlafe. Das war immer ein Problem zwischen uns. Dann jeden Sonntag in die Kirche gehen ...« Man kann in Sandras Stimme bis heute einen Anflug von pubertärem Trotz heraushören, wenn sie von den obligatorischen und offensichtlich verhassten Kirchgängen am Wochenende erzählt. »Ich bin auch Christin«, wendet sie hastig ein. »Für mich heißt das aber nicht, dass ich jeden Sonntag oder Samstag in die Kirche gehen muss. Es war sehr, sehr schwierig, ihr beizubringen, dass es auch in Ordnung ist, wenn der Glaube in einem ist und nicht in der Kirche.«

Es gab viel Streit zwischen Sandra und ihrer Mutter, vor allem in ihren Teenagerjahren. Sandra war rebellisch, lehnte die Erziehungsinhalte der Mutter und wie sie diese zu vermitteln suchte, komplett ab. »Ich wollte nichts damit zu tun haben, mir war das zu radikal«, erinnert sie sich. Ihre Mutter steuerte mit kompromissloser Strenge gegen.

Man kann beide Seiten verstehen. Aber auch wie toxisch dieses Tauziehen gewesen sein muss. Für beide Seiten. Denn für die Mutter bedeutet der Kirchgang mehr, als in Gesellschaft von vier Omas eine Stunde lang Kirchenlieder in Kopfstimme zu trällern, um das Gewissen ein wenig zu erleichtern. Es ist eines der wenigen Rituale, das sie an ihre Heimat erinnert. Eine Konstante in ihrem Leben, in dem sich sonst so ziemlich alles verändert hat. Es ist gelebte Kultur, Trost, ein safe space. Genauso verständlich ist es, dass es für eine heranwachsende Frau wie Sandra in Berlin spannendere Dinge gibt, als sich den Hintern auf der Kirchenbank platt zu sitzen.

Wenn die Vorstellungen, was denn nun das Beste für das Kind ist, der Mutter und des Kindes selbst so weit auseinanderliegen wie bei Sandra und ihrer Mama damals, dann ist Frust vorprogrammiert. Und wie das eben so ist, wenn jeder denkt, es besser zu wissen, machten beide Fehler dabei, die Konflikte zu lösen. Sandra beschreibt sich selbst in dieser Zeit als aggressiv, während es der Mutter aus ihrer Sicht an Empathie mangelte.

An eine Situation erinnerte sich Sandra bis heute genau: »Ich weiß noch, dass sie damals – ich war vielleicht sechzehn oder siebzehn Jahre alt – mit einem Mann zusammen war, und ich wollte mit meinen Freunden rausgehen. Er wollte mir das verbieten, woraufhin ich zu ihm meinte: *Wer bist du denn bitte, dass du Nein sagst? Ich kenn nicht mal deinen Namen!* Meine Mutter stellte sich aber auf seine Seite. Damals hat mich das super verletzt, dass sie ihn vor mich gestellt hat. Mir war das peinlich. Dass ein Mann, der keine Bezugsperson für mich war, mir sagen konnte, was ich zu machen habe. Es hat mir in dem Moment gezeigt, dass meine Mutter andere Prioritäten hat. Dass ihr der Mann wichtiger war.«

Wie bereits zu Beginn erwähnt, kam Sandras Mutter ohne den Vater nach Deutschland. Ein Paar waren die beiden nie gewesen. Seine väterliche Zuwendung beschränkte sich in Sandras Leben auf, wie sie es selbst beschreibt, »alibimäßigen Kontakt« zu Weihnachten oder an Geburtstagen. »Ich bin ohne Vater groß geworden. Meine kleine Schwester ist meine Halbschwester. Sie hat einen anderen Vater. Der war teilweise da, bis er dann leider verstorben ist. Ab und zu gab es danach wieder Männer in meinem Leben in Form von Onkels oder Cousins, aber nie wirklich jemand, der präsent war. Mittlerweile weiß ich, dass mir eine Vaterfigur gefehlt hat.« Inwiefern ihr diese männliche Bezugsperson fehlte und bis heute fehlt, kann sie schwer beschreiben. Sie überlegt hin und her. »Es fehlt einfach. Ich weiß nicht, wie man es benennen soll. Es gibt kein Wort dafür. *Leere* ist zu dramatisch.«

> *Ich bin ohne Vater groß geworden.*
> *Damals war mir das egal, weil ich sehr rebellisch war.*
> *Mittlerweile merke ich: Es fehlt etwas.*
> **Sandra Lambeck**

Es ist ein Gefühl, das wahrscheinlich nur vaterlose Mädchen komplett nachvollziehen können. Natürlich kommt man klar – sollen sich die Typen bloß nicht einbilden, man würde es nicht ohne sie schaffen! Aber da ist diese leise Stimme, die immer mal wieder fragt – besonders in dunklen Momenten –, wie es wohl gewesen wäre, wie *man* wohl geworden wäre, wenn es eben doch nicht nur Mama und ich gegen den Rest der Welt (und in Sandras Fall auch noch manchmal gegeneinander) geheißen hätte.

»Es ist schwierig, als alleinerziehende Mutter, als Frau, einer anderen heranwachsenden Frau zu sagen, was richtig und was falsch ist«, erklärt Sandra. »Vor allem konnte ich meine Mutter in diesen Dingen nicht ernst nehmen, selbst wenn sie recht hatte, weil ich mitbekam, dass sie selber keine gesunden Beziehungen zu Männern führte. Meine Haltung war also damals so: *Warum soll ich jetzt auf dich hören?*«

Der größte Clash zwischen Mutter und Tochter sollte aber erst noch kommen. Lange nachdem Sandra das Teenageralter und pubertäre Freiheitskämpfe hinter sich gelassen hatte. Und er sollte auch nichts mit Männern zu tun haben. Im Gegenteil. Als Sandra 23 ist, wird die Beziehung zwischen ihr und ihrer konservativen Mutter auf die bisher härteste Probe gestellt durch eine ganz andere, besondere Beziehung: einer Liebesbeziehung zu einer Frau. Bereits ein Jahr war Sandra damals mit ihrer heutigen Ex-Freundin zusammen, als sie sich entschloss, ihre Beziehung anlässlich ihres Jahrestages erstmalig offen zum Thema zu machen.

»Ich war vorher noch nie mit einer Frau zusammen gewesen. Ich habe sie auch irgendwie gar nicht als *Frau* gesehen, sondern eher als Menschen. Also, ich habe kein Geschlecht gesehen. Es war sehr aufregend, ich wusste nicht genau, was mit mir passiert«, erinnert sich Sandra. »Deshalb war ich anfangs noch recht zurückhaltend in der Beziehung. Wir haben nicht wirklich Händchen gehalten in der Öffentlichkeit. Wir waren nicht so intim miteinander. Das war voll schade, weil ich nicht genau wusste, wohin mit meinen Gefühlen. Ich habe nicht hundertprozentig hinter ihr gestanden. Ich wollte erst mal gucken, wo es hinführt. Das führte dann dazu, dass wir uns gestritten haben, weil sie das Gefühl hatte, dass ich sie verstecke. Ich musste erst mal meine Gedanken und Gefühle sammeln, aber sah ein, dass sie recht hatte. Also meinte ich dann zu ihr: *Okay, weißt du was? Ich liebe dich. Deshalb, lass uns ein Video zusammen drehen, und ich poste das dann zu unserem Jahrestag.*«

Damals war Sandras Karriere als Influencerin, Model und Schauspielerin bereits in vollem Gange. So ein Post war also durchaus keine kleine Sache und alles andere als privat. Und so geschah es dann auch. Die Welt erfuhr durch einen Instagram-Post von Sandra Lambecks Bisexualität. Ihre Mutter eingeschlossen. Man kann sich denken, dass es für eine Mutter – milde ausgedrückt – irritierend sein kann, eine so wichtige Facette im Leben ihrer Tochter nicht direkt aus dem Mund des eigenen Kindes zu erfahren.

Wie das für eine streng christliche Mutter aus Ghana gewesen sein muss, die die zunehmend westliche Orientierung ihrer Tochter stets mit einem skeptischen Auge beobachtet hatte, mag man sich gar nicht vorstellen. »Meine Mutter hat das damals, glaube ich, durch Mundpropaganda mitbekommen«, erzählt Sandra. »Ich glaube, dass irgendwelche Familienmitglieder, die mein Video gesehen hatten, ihr das Ganze gesteckt haben. Das war dann richtig Trouble. Sie hat unfassbar viel geweint, weil sie es nicht verstanden hat. Sie dachte, ich würde ihr damit etwas Schlechtes tun wollen, dass ich sie mit meiner Sexualität bestrafen wollte.«

Der Kontakt zwischen Mutter und Tochter bricht daraufhin ab. Ganze sechs Monate reden die beiden nicht miteinander. »Ich wusste, dass meine Mutter damit nicht d'accord sein würde«, erinnert sich Sandra. »Ich wusste, dass das in unserer Kultur einfach nicht geht. Ich hätte aber nicht gedacht, dass sie meine Sexualität auf sich beziehen und denken würde, dass ich sie damit bestrafen möchte. Denn letztendlich war das mein Struggle, den ich durchmachen musste. Mir ging es damit nicht gut. Aber sie hat das Ganze zu ihrem Ding gemacht.«

Auch wenn der Großteil der Öffentlichkeit positiv auf Sandras Coming-out – das sie übrigens selbst gar nicht als solches betrachtet – reagierte, machte ihr der unvermeidbare Hass auf ihr Liebesgeständnis natürlich zu schaffen. »Ich habe viel Zuspruch bekommen, sehr viel Liebe und Unterstützung, aber auch viel Hate. Als Christin ghanaischer Abstammung macht man das nicht. Ich habe viele Bibelverse in den Kommentaren zugeschickt bekommen, und mir wurde gesagt, ich würde in die Hölle kommen.«

Auch wenn die Androhung eines Aufenthaltes in Satans Wohnzimmer für viele Leute heutzutage schon fast etwas Groteskes an sich hat, haben solche Kommentare Sandra damals logischerweise zugesetzt. Und der Hass ist auch bis heute nicht abgeklungen. Er hat sich nur in eine andere Richtung gedreht. »Jetzt, wo ich wieder einen Freund habe, behaupten die Leute, ich hätte das damals nur gemacht, um Präsenz zu bekommen. Um einen Hype um meine Person zu kreieren. Sie wollen es einfach nicht verstehen. Ich würde so etwas niemals tun, vor allem nicht mit einer Minderheit. Wir haben es schwer genug auf dieser Welt.«

Diese neuen Reaktionen auf Sandras Coming-out machen es umso nachvollziehbarer, warum sie sich mit dem Begriff »Coming-out« bis heute so schwertut. Die Intention des Videos war, ihrer Freundin zu zeigen, dass sie sie liebt. Dass sie sich auf sie verlassen kann. Dass sie stolz auf sie ist und zu ihr steht. Es ging ihr nicht darum, der Welt eine digitale Regenbogenflagge ins Gesicht zu schwenken und zu brüllen: *Guckt mal hier, ich bin lesbisch, ist das nicht super abgefahren und interessant?!* Sie seufzt. »Das ist halt immer dieses Schubladendenken. Die Leute denken immer so: *Okay, sie ist das! Sie sagt das.* Aber so ist das einfach nicht. Ich mag Menschen, ob das eine Frau oder ein Mann ist, ist egal. Wenn du dem einen Namen geben willst, dann tu das gern. Aber für mich ist das unnötig.«

Ehre deine Mutter, ehre deinen Vater!
Sei immer nett! Klaue nicht! Neide nicht!
Diese Werte wurden mir beigebracht.
Sandra Lambeck

Bereut hat sie ihr Video bis heute nicht. Auch wenn es ihr den größten Bruch mit der Mutter und unzählige Hasskommentare beschert hat. »Es war wichtig für mein Wachstum als Mensch. Ich merke einfach, dass ich mit gewissen Dingen anders umgehe. Mit Social Media zum Beispiel und dass ich mir gewisse Dinge auch nicht mehr so zu Herzen nehme. Ich bin selbstbewusster geworden. Ich lebe mein Leben, so wie ich es leben möchte.

Es gibt so viele Faktoren, die uns in unserem Dasein zurückhalten und uns daran hindern, so zu leben, wie wir leben wollen. Sexualität ist einer davon. Indem ich mich öffentlich zu meiner Sexualität bekannt habe, habe ich gelernt, wie wichtig es ist, zu sich selbst zu stehen. Und solange ich eine Inspiration für viele da draußen sein kann, bereue ich nichts.« Und das war und ist Sandra für viele tatsächlich. Sie erinnert sich da an eine ganz bestimmte Begegnung: »Damals ist jemand nach dem Video weinend zu mir gekommen und meinte zu mir: *Ich danke dir, dass du das getan hast. Ich oute mich jetzt auch. Du bist meine große Inspiration.* Ich konnte es nicht fassen. Da wurde mir wirklich bewusst, okay, ich habe etwas wirklich Gutes getan. Nicht nur für mich, sondern für die Community. Aber wie gesagt, es war auch sehr beängstigend und überwältigend.«

Wirklich geklärt haben Sandra und ihre Mutter ihr Zerwürfnis von damals übrigens nie. »Wir haben tatsächlich einfach nicht mehr darüber geredet. Es wurde totgeschwiegen. Nach sechs Monaten haben wir einfach wieder angefangen, miteinander zu reden. Es war, als wäre nichts passiert.« Für Sandra ist das heute okay, sie hat ihren Frieden mit ihrer Mutter und deren Reaktion damals geschlossen.

»Ich liebe sie, und sie liebt mich. Ich glaube, das ist alles, was zählt. Bestimmt hat es auch damit zu tun, dass ich älter geworden bin. Aber h‚eute weiß ich meine Mutter wirklich zu schätzen«, erklärt Sandra, und das Lächeln, das jetzt ihr Gesicht ziert, wirkt viel entspannter als das zu Beginn. Ohne Anstrengung. »Alles, was sie für mich getan hat, die ganzen Kämpfe, die sie durchlebt hat. Ich verstehe das jetzt. Unsere Kommunikation läuft heute viel besser ab. Sie versteht jetzt gewisse Dinge besser. Auch, weil ich eine kleine Schwester habe, die ihr jetzt ebenfalls langsam zeigen kann, dass es in Ordnung ist, gewisse Dinge zu sagen und zu tun.«

Wir sind am Ende der Memory Lane angekommen. Statt mitten auf der Fahrbahn stehen wir jetzt wieder ordentlich auf dem begrünten Bürgersteig in Steglitz, und die Sonne beginnt, zwischen den Wolken hindurchzubrechen. Auch Sandras Lebensweg verläuft nun schon seit einigen Jahren in ziemlich geraden Bahnen. Vom ehrgeizigen Teenager, der sich von Komparsen-Job zu Komparsen-Job, schließlich mit 19 zur ersten richtigen Rolle und von da ein paar Jahre später wiederum zum gefeierten Model und Internetstar weiterhangelte, ist Sandra einen weiten Weg gegangen. Einen Weg, der sich von den Schubladen der Gesellschaft und Vorstellungen ihrer Mutter entfernt, aber mittlerweile dennoch immer wieder nach Hause führt.

Younes Jones
Humor ist das größte bindende Element

Es gibt vermutlich kaum ein Schlagwort, bei dem das Internet generell und Seiten wie *zitate.de* im Speziellen mehr Ergebnisse ausspucken als beim Suchbegriff »Humor«. Es scheint fast, als hätte sich so gut wie jede weise, kluge, erfolgreiche, berüchtigte – und selbstverständlich natürlich lustige – Figur der Menschheitsgeschichte Gedanken über das Konzept »Humor« und dessen Stellenwert in unserem Leben gemacht. Die Essenz fast aller Sprüche, von Erich Kästner über Rudi Carrell zu Peter Ustinov, bleibt meist dieselbe: Humor rettet die Welt – und nicht zuletzt uns selbst. Er macht das Unerträgliche erträglich und das Bunte noch greller. Neon sozusagen. Er schafft Gemeinschaft, Zusammenhalt, baut Brücken und Dächer, die uns vor dem Wasser und Salz der Welt schützen.

Auch Younes Jones hat einige Gedanken und Sprüche zum Thema Humor: »Humor ist die beste Methode, um Menschen zu packen. Er ist das größte bindende Element.« Younes Jones ist einer von Deutschlands erfolgreichsten Comedy-YouTubern. In seinen Videos überspitzt er selbstironisch Vorurteile über Nationalitäten, Religionen, Frauen und Männer, Freundschaft und eben das bunte Zusammenleben, das wir in vielen Regionen Deutschlands führen. Und offensichtlich hat er recht mit seinem Zitat über die verbindende Eigenschaft von Humor. Über eine Million Abonnenten hat er auf YouTube angesammelt, auf Instagram sind es über 500 000 Follower. Videos wie

Mein bester Freund VS. meine Freundin oder *Mein dickster Freund und ich* haben weit über zwei Millionen Views gesammelt, *Die Ausbildung zum Gan*gster* oder *Der Lehrer Abu Antar* sogar über fünf Millionen. Seine Community, die ihn auf der Straße kreischend nach Fotos fragt, ist dabei so divers wie die Kulturen, über die er sich in seinen Videos lustig macht. Araber, Deutsche, Frauen, Männer, Kids und Gan*gster – alle lieben den 28-jährigen Algerier, dessen Lebensgeschichte nicht immer so lustig war, wie es seine Videos vermuten lassen.

Bis er zwölf Jahre alt war, lebte Younes in Algerien und verbrachte dort eine Kindheit, die sich nicht großartig von der anderer Kinder unterschied. Er ging in die siebte Klasse, spielte draußen mit seinen Freunden und war rechtzeitig zu Hause am Küchentisch, um mit der Familie zu Abend zu essen und vom Tag zu erzählen. Alles easy. »Bis es mit dem Terrorismus angefangen hat«, wie Younes von der Zeit zu erzählen beginnt, in der sein Leben und das seiner ganzen Familie auf den Kopf gestellt wurde, und infolgedessen sie sich schließlich entschlossen, Anfang der 2000er-Jahre nach Deutschland zu fliehen:

> *Ich hab mich so gefühlt, als wären wir Ware,*
> *die von A nach B transportiert wird.*
> **Younes Jones**

»Ich weiß bis heute nicht, worum es sich gehandelt hat bei den Taten und Terroranschlägen.« Was er jedoch weiß, ist, dass er plötzlich um 17 Uhr schnell nach Hause rennen musste. Und zwar nicht mehr, weil Mama sonst schimpfen würde, wenn das Essen kalt wird, sondern weil das Militär durch die Straßen zog und den Leuten Waffen in die Hände drückte, um sich gegen die Terroristen wehren zu können – sollten sie denn kommen.

»Man wusste als Bürger gar nicht, was hinter dem Terrorismus damals steckte. Was für Leute das waren, ob das islamistische oder politische Hintergründe waren, das hat man dem Bürger gar nicht mitgeteilt. Man wusste nie, wer die Leute dahinter sind. Das war schon sehr, sehr dramatisch für mich als Kind, so was miterleben zu müssen«, erinnert sich Younes an das »schwarze Jahrzehnt«, wie die Algerier die Zeit zwischen 1991 und 2002 bis heute nennen. Mindestens 100 000 Menschen, vielleicht auch 200 000, starben während des Bürgerkriegs zwischen der Regierung Algeriens und verschiedenen islamistischen Gruppen.

Bis heute ist der Terrorismus in Algerien nie vollständig besiegt worden, auch wenn es inzwischen als sicheres Herkunftsland gilt. Er wurde lediglich von den großen Städten in die unwegsamen Gebiete des Atlasgebirges im Osten des Landes oder die unergründliche Weite der Sahara im Südwesten zurückgedrängt. Die Großstädte werden von einem korrupten Regime und konservativen Religionsführern beherrscht. Eine Aufarbeitung des Kriegs fand nie statt. »Ich habe einmal miterlebt, wie Terroristen und Polizisten aufeinander losgegangen sind«, beginnt Younes eine der wenigen Erinnerungen, die er an diese Schrecken hat. Als Zeuge dieser Zeit befindet er sich in einem Zwiespalt: Einerseits ist die Erinnerung – vor allem für andere, für spätere Generationen – wichtig, andererseits möchte er nichts lieber als vergessen.

So liegen die Erinnerungen dann auch weit unten, in den tiefsten Tiefen einer gedanklichen Schublade, die etwas klemmt, wenn man an ihrem Griff zieht. »Es war ein Abend, an dem überall Schüsse fielen. Wir mussten schnell rein, in den Flur und uns auf den Boden legen. Am nächsten Tag sind wir rausgegangen, und da hast du überall Einschusslöcher in den Wänden gesehen. Wenn ich heute dran denke, kommt mir das vor wie ein Märchen. War das wirklich echt, was ich damals erlebt habe? Ich möchte das ehrlich gesagt gar nicht mehr wahrnehmen. Lieber lasse ich das in meinem Kopf als Traum oder als Märchen. Ich habe ehrlich gesagt, bisher noch nie darüber gesprochen. Heute ist das erste Mal.«

Es ist schon für einen Erwachsenen schwierig, das Konzept »Krieg« zu verstehen, ganz zu schweigen von Bürgerkrieg, wo sich die Nachbarn im eigenen Land plötzlich gegenseitig ermorden. Für ein Kind ist es geradezu unvorstellbar, absurd, erschütternd. Die Welt ergibt plötzlich keinen Sinn mehr. »Wer sind diese Menschen und warum tun die so etwas Böses? Warum bringen die ständig Menschen um? Was haben die denn davon?« Das waren die Fragen, die er sich damals pausenlos stellte. »Ich meine, die Leute sind ja auch Muslime, warum tun die das? Warum marschieren die in irgendwelche Dörfer und schlachten die eigenen Leute ab?«

Auch heute noch sind diese Fragen für den 30-Jährigen unbeantwortet. »Für mich als Kind ist ja sowieso fraglich gewesen, was denn überhaupt Terroristen sind. Das konnte ich mir nie erklären. Man hat immer dieses Bild: Das sind böse Menschen, wie in den Filmen. Und wenn die da sind, dann rennt man weg.« Und dennoch ist es fast immer eine Frage der Sichtweise und des jeweiligen Lagers. Für die einen sind es Terroristen, für die anderen Freiheitskämpfer, selbst wenn sie alles andere als Freiheit bringen. Grausam geht es dabei fast immer zu.

Man wusste gar nicht,
was die Hintergründe des Terrorismus waren.
Younes Jones

Das Leben in Algerien wurde zunehmend unerträglich für Younes' Familie. Als Berufsmusiker war der Vater besonderer Gefahr ausgesetzt, denn Musik galt bei den islamistischen Terroristen als haram und war ergo komplett verboten. »Mein Vater war Geiger in einem Orchester und irgendwann ziemlich erfolgreich. Somit geriet er in den Fokus der Terroristen«, erzählt Younes. »Wir sind dann zuerst von Stadt zu Stadt gezogen, schließlich musste mein Vater seine Leidenschaft aufgeben und als Taxifahrer arbeiten. Aber auch die Taxibranche lief in Algerien sehr schlecht, und so sind wir letztendlich in die Armut abgerutscht. Armut und ständige Bedrohung – das waren die Gründe, warum wir dann schließlich nach Deutschland geflohen sind.«

Die ständige Bedrohung und das konstante Trauma der Familie gipfelten schließlich in einem besonders dramatischen Erlebnis: der Entführung von Younes' älterem Bruder. »Ich rede ungerne darüber«, beginnt Younes die Geschichte, die in derselben Schublade gelagert zu sein scheint wie alle seine Kriegserinnerungen. »Mein Bruder wurde von zwei Terroristen entführt. Er war sechs, sieben Stunden weg. Vielleicht sogar einen ganzen Tag. Mein Vater, meine ganze Familie, Onkel und so weiter sind damals in die Wälder gezogen, wo sich die Terroristen versteckten, um ihn zu suchen. Irgendwann haben sie meinen Bruder wiedergefunden, gefesselt. Gott sei Dank ist ihm aber nichts passiert. Das war schon, glaube ich, der schlimmste Tag für uns in der Familie.«

Ein solches Ereignis zu erleben ist unvorstellbar. Ebenso, es zu verarbeiten und vor allem wie. Von der Entführung des Bruders erfuhren Younes und seine anderen Geschwister erst, als diese schon in vollem Gange war. »Meine Mutter hat es vor uns verheimlicht«, erzählt er. Den Schmerz, den sie in dem Moment empfunden haben muss, für sich zu behalten, um die anderen Kinder nicht zu verängstigen, ist ebenso unvorstellbar.

»Aber im Laufe des Tages kam es dann raus«, führt Younes die Geschichte fort. »Er wurde direkt nach der Schule entführt, aber warum sie das gemacht haben, wissen wir nicht.«

Die Familie floh schließlich 2002 nach Deutschland, wobei das irgendwie ein Unfall war. Das eigentliche Ziel war nämlich überhaupt nicht das Land von Kraut(s) und Kartoffeln. Und auch hier nahm das Trauma noch kein Ende. »Wir wollten nach Norwegen, wurden aber an der Grenze rausgezogen. Man hat unsere Pässe geprüft, und wir kamen dann in eine Zelle, wo ich sofort angefangen habe zu weinen und richtige Panikattacken gekriegt hab«, erinnert sich Younes an die Ankunft im verheißungsvollen Europa. »Ich dachte die ganze Zeit: *Was haben wir denn verbrochen?* Diese Zelle hatte eine richtig dicke Stahltür, und wir wurden da einfach reingepackt wie Verbrecher.«

Eine Weiterreise nach Norwegen war ausgeschlossen. Also beantragte die Familie Asyl in Deutschland. Und blieb hier. Genau genommen in Essen. Und das bis jetzt. »Heute bin ich froh darüber, dass wir erwischt wurden, sonst wäre ich jetzt in Norwegen«, beendet Younes die strapaziöse Geschichte seiner Flucht. Er lacht dabei. Humor ist eben, wenn man trotzdem lacht. Lauscht man Younes' Geschichten, macht dieser etwas ausgelutschte Satz mehr Sinn denn je.

Wir kamen erst einmal in so ein Heim.
Das war wie eine Kaserne.
Younes Jones

Nachdem sie Asyl beantragt hatten, kamen Younes und seine Familie erst mal in ein Flüchtlingsheim. »Das war wie so eine Kaserne, wo alle Flüchtlinge unterkamen. Dort blieb man aber höchstens zwei bis drei Wochen. Jeden Tag schaute man dann auf einer Liste nach, wohin man weitergeleitet oder ob man abgeschoben wird«, setzt Younes seine Geschichte fort. Ein sorgloses Ankommen sieht anders aus. Wenn man Asyl beantragt, kann man sich nicht aussuchen, in welche Stadt man ziehen möchte, die neue Adresse wird einem zugeteilt. Für Younes' Familie stand dann eines Tages »Essen« auf der schicksalhaften Liste.

Und so zogen sie in die viertgrößte Stadt Nordrhein-Westfalens, wo sie bis heute leben – allerdings erst einmal nicht in die eigenen vier Wände. Die ersten Jahre in Deutschland verbrachte Younes in Flüchtlingsheimen, bevor er endlich mit seinen Eltern und Geschwistern in eine eigene Wohnung ziehen durfte. Verständlicherweise keine angenehme Zeit. »Ich hab mich so gefühlt, als wären wir Ware, die irgendwie von A nach B transportiert wird«, erinnert er sich an die unstete Phase, die ein richtiges Ankommen in der neuen Welt nicht gerade vereinfachte. »Wir mussten vom einen Heim zum anderen ziehen, waren insgesamt in drei Asylheimen. Vom ersten Heim wurden wir sozusagen in Container umverlagert. Das war aber nur vorläufig, ein halbes Jahr oder ein Jahr waren wir dort.«

Zu den psychischen Belastungen, die eine solche Existenz zwischen Tür und Angel, zwischen Bleiberecht und Abschiebung mit sich bringt, bekam Younes zusätzlich gesundheitliche Probleme. »Wir hatten eine Ansprechpartnerin von der Caritas, die uns da sehr tatkräftig unterstützt hat, denn in den Containern gab es Schimmel, und ich habe große Probleme mit der Lunge bekommen. Wir mussten schnell da raus. Die Frau hat uns geholfen, in einem besseren Asylheim unterzukommen.« Dort blieben sie dann, bis die Familie ihren Aufenthaltstitel bekam. Solange man den nicht hat, darf man nämlich nicht in eine eigene Wohnung ziehen. Fünf bis sechs Jahre dauerte das insgesamt. Eine halbe Ewigkeit.

Währenddessen begann Younes natürlich in die Schule zu

gehen. Komplett ohne Deutschkenntnisse war auch die Schulzeit ein weiteres Kapitel in seiner Lebensgeschichte, das von Strapazen gezeichnet war. Er beschreibt die Schulzeit heute sogar als eine der schlimmsten Episoden, die er je in Deutschland durchlebt hat. »Ich musste erst mal die siebte Klasse wiederholen, weil ich noch kein Deutsch konnte. Ich bin natürlich direkt in die Hauptschule gekommen. Das war für mich der Horror«, erinnert er sich. »Der erste Schultag war für mich unbeschreiblich beschissen. Ich komme frisch aus Algerien in eine Klasse voller fremder Menschen, eine andere Kultur. Man merkt, die Menschen ticken anders. Die Lehrer ticken anders. Die Lehrerin redet, und du verstehst kein Wort. Am liebsten wäre ich im Erdboden versunken oder hätte mich versteckt. Das war schon ein sehr, sehr ekliges Gefühl«, beschreibt Younes die Hilflosigkeit, die seine Schulzeit am Anfang in Deutschland dominierte. »Ich sagte ein Wort, und die anderen lachten direkt. Ich hatte keine Freunde, wurde anfangs immer gemobbt und von den meisten Jugendlichen ausgeschlossen. Ich war ein Opfer.«

Younes entschied sich irgendwann, mit seinen Problemen so fertigzuwerden, wie es viele frustrierte Teenager mit problematischen Hintergründen tun. »Irgendwann habe ich mich dann einer Gruppe angeschlossen, weil ich unbedingt dazugehören wollte, und wurde vom Opfer zum Täter. Ich habe keine schlimmen Sachen gemacht, war nicht krass kriminell oder sonst was. Aber ich hab halt viel Scheiße gebaut. Ich habe dann auch nur einen Hauptschulabschluss gemacht.« Mit der sozialen Akzeptanz und einem wachsenden Selbstbewusstsein in der neuen Welt begann sich irgendwann auch Younes' Vernunft zurückzumelden. Er holte seinen Realschulabschluss mit einem Durchschnitt von 1,9 nach und begann eine Ausbildung als Einrichtungsfachberater und damit das erste Kapitel seines neuen Lebens in Deutschland, das zur Abwechslung mal nicht problembehaftet startete.

»Die Ausbildung, die ich damals begonnen habe, war ein sehr wichtiger Bestandteil meines Lebens. Ich habe erst spät begriffen, dass man in Deutschland eine Ausbildung braucht, um hier überhaupt eine Zukunft zu haben. Vor allem war es für mich eine Bereicherung in Sachen Sprache«, erinnert er sich. »Ich bin als Flüchtling hergekommen, konnte kein Wort Deutsch, und im Endeffekt habe ich mein Geld dann ausschließlich mit Sprache verdient. Ich war ja als Berater tätig, habe hochwertige Möbel, also beratungsintensive Ware, verkauft. Gleichzeitig bin ich auch auf eine Privatuni gegangen, was natürlich meine Sprachkenntnisse zusätzlich ziemlich verbessert hat.« In dem Betrieb, in dem Younes seine Ausbildung begann, war er der einzige Ausländer. Und es ist das erste Mal, dass ihm das nicht zum Nachteil geraten sollte. »Ich bin dem Unternehmen so dankbar, dass die mir die Chance gegeben haben. Dort habe ich mich das erste Mal akzeptiert gefühlt. Das war ein wirklich deutsches Unternehmen, ein Familienunternehmen. Die haben mich wie ein Familienmitglied behandelt.«

Erstmalig erlebt er dort Empathie, Verständnis, Großherzigkeit. Dinge, die er gerade aufgrund seiner eigenen Fluchtgeschichte in der aktuellen Flüchtlingsdebatte seit 2014 vermisst. »Also wenn ich mir heute die ganze Flüchtlingsdebatte in der Politik und so weiter anhöre, dann frage ich mich immer: Die Menschen, die darüber berichten, die Politiker, die darüber sprechen, die haben ja meines Erachtens gar keinen Schimmer davon, in was für einer Lage die Menschen stecken. Was da für ein Kampf dahintersteckt. Aus seinem eigenen Land einfach in ein fremdes Land zu flüchten. Komplett verloren, nur fremde Menschen. Ich kann selbst nicht realisieren, dass ich mal zu denen gehört habe. Ich war ja selber ein Flüchtling. Ich kann das Leid der Flüchtlinge mitfühlen. Ich kann sie verstehen. Man kommt in ein Land, man versteht die Menschen hier nicht, man weiß nicht, wie man mit den Leuten kommunizieren soll, man ist einfach verloren. Ich denke nicht, dass das ein Mensch einfach so freiwillig macht. Seine ganze Verwandtschaft und Familie hinter sich lässt und einfach in ein fremdes Land flüchtet und dort versucht, irgendwie klarzukommen, sich etwas aufzubauen. Das erfordert viel Mut, vor allem für die Eltern. Wir waren ja Kinder, wir haben ja nichts mitbekommen. Aber für meine Eltern mit vier Kindern, ja, das ist eine Riesenverantwortung. Man weiß ja nicht, wo man am Ende landet. Und trotzdem geht man immer auf die Flüchtlinge los.«

Es ist Younes ernst, das kann man seiner Stimme anhören, seinem Blick ansehen. Normalerweise hat man bei ihm, egal über welches noch so ernste Thema man spricht, das Gefühl, dass er im nächsten Satz schon wieder einen Spruch reißen könnte oder zumindest drüber lachen wird. Aber nicht jetzt. »Was ich mir in der politischen Diskussion wünsche, ist, dass man ein bisschen mehr in den Medien aufklärt. Oder überhaupt mal mit einigen Flüchtlingen spricht, damit die Menschen in Deutschland, die sowieso eine Abneigung gegenüber Ausländern beziehungsweise Flüchtlingen haben, deren Geschichte mal hören. Damit sie mitkriegen und verstehen, warum der Flüchtling überhaupt zum Flüchtling wurde, warum er überhaupt hier ist. Und vielleicht kann man dann diesen ganzen Rassismus und Hass, der gegenüber Flüchtlingen entstanden ist, ein bisschen eindämmen und somit ein besseres Zusammenleben hier finden. Weil im Endeffekt, wenn ich jetzt ein Deutscher bin und Hass gegenüber Flüchtlingen habe – im Endeffekt muss ich mit denen leben. Ob ich will oder nicht. Deswegen lieber miteinander statt gegeneinander. Wenn der Flüchtling sich bedroht oder diskriminiert fühlt, dann verhält er sich auch nicht besser. Dann schießt er ja auch gegen die Person, die ihn diskriminiert.«

Das Zusammenleben zwischen Migranten und Deutschen zu verbessern und für mehr Verständnis zu sorgen ist auch die

Hauptintention hinter Younes' Comedy. Was er von den Medien und Politikern durch Aufklärung erhofft, versucht er via Humor zu vermitteln. »Wenn man sich meine Videos anschaut, fällt auf, dass ich immer versuche, divers zu sein. Verschiedene Ethnien und Nationalitäten zu integrieren. Schwarze, Araber, Türken, Deutsche. Ich bin da auch sehr selbstironisch, vor allem was meine Herkunft angeht. Ich bin ja Araber, und wie man weiß, haben Araber in der Öffentlichkeit ein schlechtes Image. In Deutschland sind die Menschen gegenüber Arabern sehr abgeneigt, sehr zurückhaltend. Das gängige Bild des Arabers ist, der ist aggressiv, der ist gewalttätig oder wird vielleicht auf mich losgehen, wenn ich mit dem einen Witz reiße oder so. Indem ich Witze über Araber mache, über Afrikaner, aber auch andere Nationalitäten, versuche ich zu zeigen, dass nicht alles stimmt, was über die arabische Kultur berichtet wird. Mit denen kann man auch lachen. Deshalb finde ich, ist Humor das größte bindende Element.«

*Ich muss ehrlich sagen,
ich mache sehr wenig Witze über Deutsche.*
Younes Jones

Was Younes auf den ersten Blick macht, ist Feuer mit Feuer zu bekämpfen. Beziehungsweise Vorurteile mit Comedy-Feuer. Vorurteile werden so überzogen dargestellt, dass dem Zuschauer klar sein muss, dass das eigentlich alles Riesenblödsinn ist. Und wenn doch mal ein Fünkchen Wahrheit aufblitzen sollte, dann lacht man eben über sich selbst. »Ich denke, Mensch ist Mensch, und wenn man dem gegenüberstehenden Menschen einfach Respekt zeigt und sich öffnet, kommt man auch super miteinander klar. Humor ist, finde ich, die beste Methode, um

Menschen zu packen. Es gibt Leute, die beispielsweise einem Araber aus Prinzip niemals zuhören würden. Meine Videos dagegen bekommen Aufmerksamkeit. Und zwar von jeder Nationalität: von den Deutschen, von Arabern, egal wem. So hab ich die Möglichkeit, schwer zugängliche Themen zu behandeln.«

Der Fastenmonat Ramadan war da in der Vergangenheit zum Beispiel so ein Thema. »Die meisten Deutschen wundern sich: *Wie geht das überhaupt, Ramadan? Wieso fastet man, warum tut man das? Warum ist man da am Verhungern und Verdursten?* Ich habe während der Fastenzeit ein Video gedreht bei dreißig Grad in der Sonne und habe am Ende gesagt, dass ich gerade am Fasten bin. Ich finde, das in einen alltäglichen Kontext einzubetten entschärft die Meinung oder die Vorurteile der Deutschen über Ramadan. Ich zeige, dass Ramadan überall *nebenbei* passiert und absolut nichts Schlimmes ist.«

Auf den zweiten Blick steckt eben auch jede Menge Bildungsarbeit in seinen kurzen Clips. Wie auch immer Younes versucht, an sein Ziel zu gelangen, und ob diese Art jeder lustig findet oder nicht, sei mal dahingestellt. Hier ist nicht der Weg das Ziel, sondern der humoristische Vorschlaghammer. »Meine Intention ist, dass wir eines Tages alle gemeinsam an einem Tisch zusammensitzen und über uns gegenseitig lachen können.« Diese Vorstellung ist so simpel, wie sie weise ist, so utopisch und naiv, wie sie machbar ist. Und er ist weder der Erste noch der Letzte, der diese Vision hatte und hat. Denn um mit einem der zahlreichen Zitate zu enden, die das Internet bei unserer Suche zu Anfang ausspuckte: »Gibt es schließlich eine bessere Form, mit dem Leben fertigzuwerden, als mit Liebe und Humor?«

Kool Savas

Ein Teil von mir ist türkisch

Es sind die immer gleichen Bilder, die uns überfluten. Bilder von Menschen. Von endlosen Karawanen. Provisorische Zeltstädte. Geschlossene Grenzen. Aggressive Polizisten. Ob im Fernsehen, den Print- oder den sozialen Medien – Deutschland scheint kein anderes Thema mehr zu kennen. Die Bilder der Geflüchteten sind allgegenwärtig.

In einer nie da gewesenen Intensität diskutiert das Land plötzlich über Selbstverständlichkeiten wie das Recht auf Asyl. Über die zynische Frage, ob man Menschen ertrinken lassen sollte oder nicht. Über Regeln, die hier seit dem Ende des Zweiten Weltkriegs, zumindest in der Öffentlichkeit, bei der Mehrheit der Bevölkerung als unumstößlich galten. Nur wenige Jahre vor seinem 70. Entstehungstag wird das Grundgesetz infrage gestellt, immer und immer wieder. Es ist das Jahr 2015, in dem die sogenannte Flüchtlingskrise Deutschland erreicht. Das Jahr, in dem sich die Heimat vieler Menschen entscheidend verändert. Nicht etwa durch ein paar Hunderttausend Menschen, die unsere Hilfe brauchen, sondern durch die Möglichkeit, das Unsagbare plötzlich sagen zu dürfen. Rassismus und Fremdenfeindlichkeit werden hoffähig, die Willkommenskultur der ersten Monate wird vom Sturm der Wutbürger hinweggefegt. Es ist das Jahr, in dem Menschen, die hier seit Jahrzehnten leben, mal wieder nicht wissen, ob sie hier noch existieren können und wollen.

Und es ist das Jahr, in dem Kool Savas, der King of Rap, zum ersten Mal begreift, dass er auch ein Geflüchteter ist. Als ihm klar wird, dass es ein Stück weit auch seine Geschichte ist, die da tagtäglich über die Bildschirme flimmert. Damals, Ende der 70er-Jahre, hatten er und seine Mutter sich einfach in einen Zug gesetzt und waren nach Deutschland gefahren. Ein Ticket kaufen, auf dem Bahnsteig warten, einsteigen, fertig. Als Kind erschien ihm das unproblematisch, wie eine ganz normale Reise beinah. Er schaute aus dem Fenster, sah die Skyline Istanbuls an sich vorbeiziehen und ahnte nicht, dass es ein Abschied für lange Zeit werden sollte. Jahre später wird ein Gemälde dieses kleinen Jungen, der aus dem Zugfenster schaut, das Cover eines seiner mittlerweile mit Gold und Platin ausgezeichneten Alben zieren. Das Bild basiert auf einer Zeichnung von Savas, der sich mittlerweile auch Essah nennt. Titel des Albums: *Essahdamus*.

Als Kool Savas das erste Mal nach Istanbul kommt, ist er ein Jahr alt. Geboren wurde er in Aachen, wo sein Vater zu dieser Zeit als Austauschstudent studierte und seine deutsche Mutter kennenlernte. Seine Mama war auf dem Weg, Erzieherin zu werden; die Familie wollte zurück an den Ort, der damals für sie Heimat war. In Istanbul, der lebendigen Weltmetropole, eröffnen sie einen Kindergarten. Aber das ist nicht alles.

Seine Eltern sind außerdem auch politische Aktivisten. In der Türkei, damals wie heute, ist linker Aktivismus nicht gerne gesehen. Es ist keine Seltenheit, dass man für geringste Aktionen oder auch einfach aufgrund von erfundenen Anklagen mehrere Jahre hinter Gittern verschwindet. Ein paar Jahre bleibt der Vater unentdeckt, doch dann wird er von einem Genossen verraten, kommt ins Gefängnis und wird schließlich zu fünf Jahren in einer dunklen, engen Zelle verurteilt. Fünf Jahre. Dafür, dass er Schriften verfasst hat, Flugblätter verteilt und sich an Demonstrationen beteiligt. Fünf Jahre für die Verbreitung von Worten. Für ein Kleinkind sind fünf Jahre eine halbe Ewigkeit. Für jemanden, der im Gefängnis sitzt, ebenfalls.

»Meine Eltern waren kommunistische Aktivisten und haben natürlich auch noch gearbeitet, teilweise bis zu zwanzig Stunden am Tag. Manchmal hab ich danebengesessen mit meinen zwei Matchboxautos, während die Erwachsenen stundenlang diskutiert haben und 'nen Round Table bei uns zu Hause abhielten«, erzählt Savas aus einer Kindheit, während wir durch die Plattenbauten Berlins laufen. »Da sind dann Leute rein- und rausgelaufen, Texte wurden in die Waschmaschine geschmissen und vernichtet. Das sind so fragmentarische Dinge, die ich wahrgenommen hab, die für mich zu dem Zeitpunkt total abstrakt und absurd waren. Auch später in Berlin war es nicht so gern gesehen, dass ich Freunde mit nach Hause nehme. Ich sollte nicht unbedingt rumerzählen, dass meine Eltern politisch aktiv sind. Die haben diese Paranoia aus der Türkei mitgebracht, weil du da einfach in Nullkommanix im Knast landen konntest. Das haben sie in Deutschland nicht ablegen können. Hier gibt es theoretisch erst mal Meinungsfreiheit, man kann sagen, was man möchte.« Es klingt wie eine Nebensächlichkeit, aber es ist wichtig, das zu betonen.

Es ist ein weitverbreiteter Trugschluss unserer Zeit und ein Narrativ der Rechten, dass die Meinungsfreiheit in Deutschland nicht mehr gelten würde. Jene, die montags in Dresden den Untergang des Abendlandes heraufbeschwören, fühlen sich zensiert, weil man ihren kruden Thesen widerspricht.

Aber Meinungsfreiheit bedeutet, dass man so gut wie alles sagen kann, nicht dass einem niemand widerspricht. Es gibt einen Unterschied zwischen Menschen, die für ihren politischen Kampf gegen die Obrigkeit in den Knast gehen, und wohlgenährten Mittelstandsbürgern, die meckernd und ohne Angst vor Repressionen durch die Straßen stapfen. Während die einen sich wie große Revoluzzer fühlen, weil sie im Internet andere Menschen beschimpfen, die sich gegen Rassismus aussprechen, wandeln die anderen tatsächlich auf den Pfaden von Widerstandskämpfern. »Meine Eltern haben mir immer gesagt: *Wir sind Systemkritiker, wir sind überall gefährdet, weil wir das System abschaffen und verändern wollen.* Das hat sich dann zwar alles relativiert und entspannt. Aber meine Eltern haben zwanzig oder dreißig Jahre ihres Lebens kaum was anderes gemacht, als für die Politik zu arbeiten.« Savas Yurderi hat diese Bürde von Tag eins mit auf den Weg bekommen. Sein Vorname bedeutet »Krieg«. Nomen est omen:

> *Lass sie den Himmel zum Brennen bringen, die Erde teilen*
> *Sie verlieren trotzdem, weil ein Gedanke nich' sterben kann*
> *Worte vernichten mehr als ihr ganzes verdammtes Arsenal*
> *Die Wahrheit braucht keine Fahne schwingen,*
> *wir erkennen sie immer*
> *Unter jedem Stein oder Stamm, in jedem Bach oder Fluss*
> *Nix Streit starten, ich mach' grad' damit Schluss*
> *Das is' der Weg in den Ring der letzte Tanz vor der Schlacht*
> *Mein finales Battle, warum denkst du,*
> *haben meine Eltern mich Krieg genannt?*
> **Kool Savas, »Nichts bleibt mehr«, 2011**

Aus Angst vor weiterer Verfolgung der Familie beschließt die Mutter 1981, zurück nach Aachen zu fliehen. Sie packt ein paar Koffer, steigt in den Zug, und bald darauf steht der kleine Junge mit seiner Mutter in einem Land, das er nicht kennt. Von Istanbul, einer Stadt, die architektonisch wie gesellschaftlich zwischen Postmoderne und Tradition pendelt, nach Aachen, einem mehr oder weniger trostlosen Ort, der vor allem durch den Baustil des Brutalismus auf sich aufmerksam gemacht hat.

Nomen est omen, wieder einmal. Savas verbringt die Kindheit ohne den Vater, täglich warten er und seine Mutter auf Nachrichten aus der Heimat. Kommt der Vater frei? Und wenn ja, wann? Wird er gefoltert? Als Savas elf Jahre alt ist, kommt die erlösende Nachricht: Sein Vater wurde entlassen, darf nach Deutschland. Die Wiedervereinigung mit der Familie findet in Berlin statt, der Stadt, die bis heute Teil des Konstrukts ist, das er als »Heimat« betitelt.

Heute lebt der Mann, der mehr oder weniger alles erreicht hat, was es im Hip-Hop zu erreichen gibt, genau dort und fragt sich, was die Zeit ohne den Vater mit ihm angestellt hat. »Ich würde sagen, dass mein Vater in der Zeit nicht für mich da sein konnte, das hat viel mit mir gemacht. Ich denke, dass die meisten Sachen, mit denen ich mich heute noch auseinandersetzen muss, darauf zurückzuführen sind.« Er hat sich damit auseinandergesetzt, privat wie musikalisch. In einem seiner Songs spricht er davon, dass ihm der Beschützer genommen wurde, auch wenn seine Mutter alles versucht hat, um ihn das nicht spüren zu lassen. »Meine Mutter ist eine sehr starke Frau, eine überzeugte Feministin und Kommunistin, die einfach daran geglaubt hat, dass sie das auch alles selber schaffen kann«, erzählt er, während wir durch die Straßen der ehemals geteilten Stadt laufen. »Aber für mich war das superwichtig, dass ich 'nen Vater hab, und zu dem Zeitpunkt war der einfach nicht da. Ich glaube nicht, dass es mich stärker gemacht hat, ich würde sagen, dass es mich eher geschwächt hat. Und dass ich vieles von dem jetzt immer noch aufarbeiten muss. Das stört mich, das steht mir häufig im Weg. Aber das zu verstehen war ein guter Schritt. Das hat mir viel Klarheit gegeben und mein Bewusstsein geschärft, wieso ich so bin und was ich verändern kann, und ja, das war ganz nützlich.«

Als der sogenannte Beschützer dann wieder da ist, zieht die Familie nach Berlin-Kreuzberg. Aber das so lang ersehnte Zusammenleben, funktioniert nicht so wie erhofft. Der Sohn findet anfangs keinen Bezug zum Vater, es gibt keine gemeinsame Ebene. Während der junge Savas die Vor- und Nachteile der Großstadt entdeckt, fasziniert ist von den neuen Einflüssen und Entwicklungen, hängt der Vater mit dem Kopf immer noch in der Zelle in Istanbul. Denkt an seine Genossen, die in den Gefängnissen hocken, abgemagert von den unzähligen Hungerstreiks, gebrochen von der Folter. Die Themen seines Sohns sind ihm fremd: Es geht um Turnschuhe, Grenzen austesten und mit Mädels knutschen. Um die Häuser ziehen und Spaß haben. Die Welt entdecken.

»Das alles war für meinen Vater absolut nicht nachvollziehbar. Er kam wieder und war erst mal sehr streng. Stellenweise auch verbittert und wütend. Ich hab meinen Vater eigentlich nie traurig gesehen, eher immer wütend.« Besonders wütend erlebt er ihn, als eine Freundin bei ihm übernachtet. Die Mutter denkt sich ihren Teil dazu, was hinter den geschlossenen Türen abgeht. Als der Vater jedoch morgens Wind von der Sache bekommt, stürmt er ins Zimmer und schreit, dass das hier doch »kein Puff« sei, während die feministische Mutter im Hintergrund dafür plädiert, den Sohn seine Erfahrungen machen zu lassen. Situationen, in denen man einfach nur im Boden versinken will, vollkommen egal, wie gut es die Eltern meinen.

Die Konflikte, von denen Savas erzählt, klingen nach harmlosem Alltag. Für einen Jungen, der bisher immer nur allein mit seiner Mutter gelebt hat und sich plötzlich einem autoritären Vater gegenübersieht, sind sie mitunter jedoch überfordernd. Er weiß nicht, wie er sich durchsetzen oder wehren soll. Bis zum heutigen Tag hat er in Gegenwart seines Vaters nicht einmal ein »Nein« über die Lippen gebracht. Der Respekt ihm gegenüber ist einfach zu groß.

Mit 15 Jahren zieht er aus und beginnt, sich zaghaft mit den Widersprüchen zu beschäftigen, die in ihm wüten. »Ob ich mich jetzt als deutscher oder türkischer Rapper oder Mensch gesehen hab, für mich war das 'ne wichtige Frage. Sie beschreibt die meisten Konflikte, die ich mit anderen und mit mir selbst hatte«, überdenkt er seine Zeit der Selbstfindung. »Als ich nach Aachen gekommen bin, konnte ich nur Türkisch, kein einziges Wort Deutsch. Und innerhalb von drei Monaten hab ich mein Türkisch komplett verlernt und nur noch deutsch gesprochen. Das ist natürlich auf dieses Trauma zurückzuführen, dass ich dachte: *Die Türkei hat mir meinen Vater genommen*. Das bedeutet, mein Verhältnis zur Türkei war extrem schlecht. Ich hab das Land verteufelt. Vielleicht war das auch unfair, aber ich war halt ein Jugendlicher. Wie willst du von 'nem Jugendlichen so ein differenziertes, reflektiertes Denken erwarten?«

Gleichzeitig entdeckt er die Hip-Hop-Kultur für sich. Er ist in der Graffiti-Szene aktiv, rennt nachts durch die Straßen, malt Wände und Züge an, bemerkt aber schnell, dass ihm die Leidenschaft fehlt, um einer der ganz Großen zu werden. Schließlich landet er beim Rappen. »Mein größtes Vorbild war immer Boe B, der leider dann irgendwann verstorben ist. Seine Crew hieß Islamic Force. Heute ein undenkbarer Name, wahrscheinlich würde man das jetzt in den falschen Hals kriegen. Aber als Kreuzberger war das natürlich top. Das hat jeder gepumpt. Der hatte einen Song, der hieß ›My Melody‹, der andere hieß ›Istanbul‹, und dieser Typ war einfach mein größtes Vorbild. Später hat er mich zu ein paar Shows mitgenommen als Back-up-Rapper, hat mir ein paar Sachen gezeigt und war so was wie mein Mentor.« Zu Weihnachten wünscht er sich von seiner Oma die Platten von LL Cool J, den Beastie Boys oder Ice-T. Der Rap der amerikanischen Westcoast ist das Nonplusultra, Ice Cube und Easy-E werden zu persönlichen Helden.

Zu dieser Zeit gab es – anders als heute – in Rap-Deutschland kein gemachtes Nest, in das man sich hätte setzen können. Keine festen Strukturen, in die man sich reinbegeben konnte.

Alles musste selbst erarbeitet und aufgebaut werden, die Szene steckte in den Kinderschuhen. Besonders, was Rap auf Deutsch betraf.

Wer damals ein Mikrofon in der Hand hielt, eiferte den Vorbildern aus den USA nach, in teils radebrechendem Englisch. »Die Größeren, die auch Musik machten, waren ein bisschen älter. Damals waren fünf Jahre aber natürlich ein riesiger Vorsprung. Zwischen 'nem Sechzehnjährigen und 'nem Einundzwanzigjährigen liegen Welten. Ich hab mir dann Stück für Stück eine eigene Crew aufgebaut. Leute gesucht, die ähnlich wie ich getickt haben, kreuz und quer durch ganz Berlin.« Seine Crew bestand damals aus einem bunten Mix aus Rappern, DJs, Skatern, Surfern und Sprühern. Es entsteht MOR, bis heute eine der prägendsten Crews des Deutschraps, auch was Lyrics angeht:

> *Du bist nicht bereit zu töten, durch verkehrte Caps*
> *Und kannst dir niemals leisten uns zu fronten,*
> *wie ich einen Lexus*
> *Schreib einen Text und zeig mir,*
> *wie du mich am Mic zerfetzt*
> *Aber ich und Rap sind eins, wie Swizz und DMX*
> MOR, »Wer Rhymed gewinnt«, 2001

»Das waren einfach Jungs, wo man sagen konnte, das ist irgendwie ähnlich, das passt zusammen vom Vibe her«, erzählt er, während er mittlerweile in seinem weißen Lamborghini Urus sitzt, Listenpreis circa 260 000 Euro.

In seinem neuen Umfeld in Berlin-Kreuzberg ist Savas – gerade erst vor den Konflikten des Elternhauses ausgerissen – erneut mit der Frage konfrontiert, wer er eigentlich ist. Die Türkei ist für ihn nach wie vor das Land, das ihm den Vater genommen hat, auch wenn dieser versucht hat, ihm zu erklären, dass es an der politischen Situation lag und nicht die Schuld des Landes gewesen sei. Dennoch möchte Savas sich nicht zugehörig fühlen, spürt keine Verbindung zur Heimat seines Vaters, sieht sich nicht als Landsmann. Aber in Kreuzberg hat er kaum eine andere Wahl, der Bezirk ist so stark migrantisch geprägt, dass er täglich mit der Frage konfrontiert wird, wer er ist. Die meisten seiner Freunde sind Türken, und selbst die deutschen Freunde, die er hat, sprechen Türkisch. Erneut prallen Fragen und Kulturen aufeinander, aus denen er sich am liebsten raushalten würde. »Es war aber auch oft so, dass, wenn du nicht Türke, Kurde oder Araber warst, du tatsächlich nicht so einfach akzeptiert wurdest. Das heißt, wenn du als Deutscher akzeptiert werden wolltest, bei uns aufm Hof zum Beispiel, dann musstest du dich extrem durchsetzen, und im besten Fall musstest du dich auch als Ausländer fühlen. Weil du sonst nicht dazugehören konntest.«

In der linken und migrantischen Blase Kreuzberg ist Rassismus für ihn ein Fremdwort. »Ich hatte jetzt nie irgendwelche deutschen Kumpels oder bin auf irgendwelche Nazis oder Glatzen getroffen, die einen *Dreckskanake* genannt hätten. Oder: *Du Scheiß-Türke, du gehörst hier nicht her.* Sondern es war eigentlich eher so, dass mein türkisches Umfeld mir klargemacht hat, wenn du dich nicht als Türke identifizieren kannst oder als Kurde, wenn du nicht den gleichen Glauben hast, wenn du nicht die gleichen Dinge sagst und tust, dann kannst du keiner von uns sein.« Aus Loyalität zu seiner deutschen Mutter bezeichnet er sich ab da als Deutschtürke. Wenn die Jungs fragen, warum sein Türkisch so schlecht ist, erzählt er ihnen seine Geschichte, trifft damit aber nicht immer auf Verständnis.

Den Kulturclash, der für Savas im multikulturellen Kreuzberg nie wirklich eine Rolle gespielt hat, bekommt er dagegen bei seinen Besuchen bei den Eltern zu spüren. Seine Mutter ist ein Zwilling, wie die Schwester ging sie ins katholische Klosterinternat und ist dauerpräsent. Der Vater ist traditionell türkisch erzogen worden. Auch wenn die katholische Erziehung für die Mutter nach dem Internat keine Rolle mehr spielt, die Unterschiede zwischen den beiden treten immer wieder zutage.

»Da gab's Situationen, die waren schwierig, und ich finde, meine Eltern haben das vorbildlich gemeistert. Aber natürlich gab es auch Momente, in denen mein Vater mir am liebsten eine geklatscht hätte. Meine Mutter kam dann manchmal und hat ihn angeschrien. Das war mir unangenehm, weil ich mir unterbewusst dachte, na ja, er muss die Freiheit haben, als Mann im Haus entscheiden zu können, was er will und was nicht. Und da muss meine Mutter jetzt nicht dazwischengrätschen. Obwohl sie mich in dem Moment gerettet hat. Das waren definitiv zwei Pole, die da aufeinanderkrachten, und das hat sich jetzt natürlich, weil die Brisanz irgendwie raus ist, gelegt. Das war damals einfach eine extreme Situation.«

Im Alltag dominiert allerdings die Liebe für Musik. Zwar geht er nicht einen Moment davon aus, jemals Geld damit verdienen zu können, aber Träume hat er dennoch. Als er und seine Crew mal wieder alle zusammensitzen, philosophieren sie über ihre Zukunft. »Ich erinnere mich wirklich an meine Worte, da waren wir im Studio. Da hab ich gesagt, wenn ich mal an den Punkt kommen könnte, dass ich 2000 Mark im Monat verdiene, dann wäre ich der glücklichste Mensch der Welt.« Damals waren das Hirngespinste. Er kennt zwar ein paar Leute, die schon Auftritte haben und ein paar Mark einsacken, aber für den jungen Savas ist das noch weiter entfernt als die Heimat seines Vaters.

Er hält sich mit Aushilfsjobs über Wasser, verteilt Lesegutscheine für eine Tageszeitung oder hilft bei Umzügen. Manager oder ein Label sind ihm fremd, stattdessen setzt er sich nach dem Möbelschleppen mit seinen Freunden vor das Vierspurgerät und überspielt die Musik später auf selbst designte Kassetten. »Die ersten Tapes, die wir produziert haben, haben wir in Eigenregie hergestellt und verkauft. Wir waren glücklich, wenn wir am Ende des Tages sieben Tapes verkauft und siebzig Mark auf der Hand hatten, damit konnten wir dann die nächsten fünfzig Kassetten produzieren. Das ging alles unglaublich langsam am Anfang und hat ewig gedauert, bis es an den Punkt kam, wo ich eine Perspektive für mich gesehen hab.«

Er beginnt eine Tischlerausbildung. Als er im zweiten Lehrjahr ist und sich Gedanken über sein Gesellenstück machen soll, nimmt ihn der Meister zur Seite. »Der meinte zu mir: *Ich merk doch, dass du gar keine Motivation hast, du willst lieber Musik machen. Wenn du das machen willst, dann zieh es auch richtig durch.*« Savas versteht nicht, was der Mann von ihm will, denkt, er möchte ihn loswerden. Aber er hört schließlich auf den Meister und schmeißt seine Ausbildung hin. Seine Eltern sind zwar unglücklich über die Entscheidung, haben aber schon länger keinen Zugriff mehr auf den Jungen. Und der Meister? »Mit dem steh ich bis heute in Kontakt«, sagt Savas und grinst. Er gab dem jungen Savas einen entscheidenden Anstoß, seinen Weg zu gehen. Und selbst zu entscheiden, welches Ziel er ins Auge fassen will:

Du kannst entscheiden wohin es geht,
was du gerne mal wärst
Auch wenn das Ziel dir noch fern erscheint,
der Versuch ist es wert
Guck was du lernst, was du erlebst und später von hast
So lang du nicht auf die anderen kackst oder
handelst aus Hass
Kool Savas, »Der beste Tag deines Lebens«, 2002

Als die Musik eine immer größere Rolle in seinem Leben einnimmt, stellen sich auch die ersten Underground-Erfolge ein. Savas' Musik gilt zur damaligen Zeit als extrem respektlos, er will sich so weit wie möglich von den Werten und Idealen, die er zu Hause mitbekommen hat, abgrenzen. Und die harten Lyrics kommen an. »Ich wollte mich von diesem politischen Ding komplett lösen, wollte damit gar nix zu tun haben. Deswegen waren meine Texte auch extrem asozial. Songs wie *Lutsch mein Schwanz* und so weiter wurden damals Porno-Rap oder Assi-Rap genannt. All die Umstände, die mir die Möglichkeit genommen haben, mit meinen Eltern ein normales Familienleben zu führen, hab ich irgendwie bekämpft auf die Art und Weise. Das war Rebellion. Nicht gegen ein System draußen, sondern ein inneres System, das Familiensystem quasi.«

Als er älter wird und seine Texte immer bekannter, bittet ihn sein Vater, auch mal was anderes zu sagen, als dass er der Geilste ist und jeden anderen Rapper tötet. Er merkt, dass es Themen gibt, an die er sich nicht heranwagt, etwa die Politik. Obwohl er immer versucht, sich mit seinem Umfeld auseinanderzusetzen, bewusst zu leben, sich zu reflektieren, sieht er sich nicht als besonders politischen Menschen. Stattdessen ist er in den Widersprüchen seiner eigenen Geschichte gefangen, fühlt sich sogar oft als Heuchler, wenn er diese Themen anschneidet. Das Erbe der Eltern lastet zu stark auf den Schultern des mittlerweile landesweit berühmten Battle-Rappers.

Wie fühlt man sich, wenn ein Großteil der frühen Songs eher nicht geeignet ist, um sie den eigenen Kindern vorzuspielen? »Ich stehe prinzipiell zu meiner gesamten Diskografie. Es gibt im Nachhinein Sachen, die ich rausgepiept habe, weil ich mir gesagt hab, das entspricht in keinster Weise mehr dem, was ich jetzt sagen würde«, meint er, ohne sich zu entschuldigen. Wozu auch. Niemand erwartet von einem Sylvester Stallone, dass er sich dafür entschuldigt, als Rambo unzählige Menschen ermordet zu haben. Die Kunstfigur ist ein heiliges Gut im Rap, ein omnipräsenter Schutzschild gegen die teils gerechtfertigte und teils unfaire Kritik von außen.

Denn im Großen und Ganzen hat Battle-Rap keine festgelegten Grenzen, es ist erst mal alles erlaubt. Rap war für Savas immer der Ring, in dem er sich als lyrischer Boxer mit den anderen messen kann. In seinen Songs kann er Dinge sagen, die er im realen Leben mit Sicherheit anders formulieren würde. »Wenn ich etwas am Mikrofon auf einen Beat recorde, dann ist da nicht unbedingt eine Person mit gemeint, und dann steht diese Beleidigung, die vermeintliche, im Raum, und da kann sich dann jemand von angesprochen fühlen oder auch nicht. Aber ich finde, durch diesen künstlerischen Rahmen wird sie relativiert«, erklärt er, während wir mittlerweile an einem Billardtisch angekommen sind, an dem Savas eine Kugel nach der anderen versenkt.

Die Widersprüche, die sich durch sein Leben ziehen, enden nicht an der Tür zu seinem Studio. »Das ist vielleicht schwer zu erklären, aber ich glaube, es lässt sich vereinen. Deswegen hab ich auch kein Problem damit, meine alten Songs stellenweise heute noch zu performen. Und ich hab auch kein Problem damit, zu sagen: *Ich bin Feminist*. Ich hab dem Widerspruch immer Platz gegeben. Das seh ich eigentlich als eine Stärke, weil das bis heute so ist. Ich hab teilweise Tweets oder Aussagen auf Instagram oder in Songs, wo die Leute wirklich denken, ich bin geisteskrank. Im Nachhinein lach ich oftmals drüber, weil ich mir sage, ihr peilt meinen Humor nicht, ihr peilt die Art nicht, wie ich mit dem Thema umgehe.«

Aber auch ein King of Rap wird mit dem Alter ruhiger und gesetzter. »Dadurch, dass ich mich jetzt nicht mehr in einem Umfeld bewege, wo es eine Rolle spielt, was für eine Nationalität ich habe oder nicht oder zu welchem Kulturkreis ich mich zugehörig fühle, bin ich viel freier und kann damit viel ehrlicher und entspannter umgehen. Ich hab damals schon für mich gemerkt, dass ich einfach türkisches Essen liebe, dass ich meine Großeltern natürlich liebe, dass ich auch einige meiner Freunde liebe, die auch Türken oder Kurden sind. Und ich musste diesen Dingen ganz bewusst eine Chance geben.«

Und schließlich gab er auch der Türkei wieder eine Chance. Gemeinsam mit seinem Bruder fliegt er in das Land und die Stadt am Bosporus. Sie fahren zu dem Gefängnis in Istanbul, in dem sein Vater inhaftiert war. Heute logiert hier ein Four Seasons Hotel, die Veränderung macht schließlich vor nichts und niemandem halt. Zusammen stehen sie vor dem Gefängnis, versuchen die Atmosphäre dieses für ihre gesamte Entwicklung so zwiespältigen Orts aufzunehmen, sprechen darüber, was sie fühlen. Danach setzt er sich mit dem Vater an einen Tisch, um über alles zu sprechen und »gewisse Dinge aus dem Weg zu räumen«, wie er sagt. Bis heute begreift er diesen Tag als eine Art Selbstreinigungsprozess und ein Stück weit auch als Therapie. Vielleicht ein bisschen spät, aber ganz sicher nicht zu spät. Und Vorwürfe macht er sowieso niemandem.

Das Bewusstsein dafür, dass traumatisierte Kinder behandelt werden müssen oder dass ihnen Hilfe geboten werden muss, existierte früher einfach nicht. Weder bei ihm noch in der Gesellschaft, in der er aufwuchs. »Viele der wichtigsten pädagogischen Erkenntnisse sind ja erst in den letzten Jahren gereift, wo die Menschen wirklich angefangen haben, sich darüber Gedanken zu machen, und verstanden haben, was das für 'ne Kinderseele bedeutet. Dementsprechend bin ich im Umgang mit meinem Sohn einfach viel, viel bewusster und versuche da, vieles ganz anders zu machen«, erzählt er und locht die letzte Kugel ein. Was ihm all diese Erfahrungen und Erkenntnisse in Bezug auf sein Heimatgefühl gebracht haben, weiß er selbst nicht genau.

Nach wie vor ist das auch kein Thema, das er offensiv besetzt.

»Ein Teil von mir ist türkisch, und trotzdem finde ich es auch ganz in Ordnung, deutsch zu sein. Ich übernehme einfach gerne Dinge aus anderen Kulturen. Meine Frau ist zum Beispiel Iranerin, und natürlich übernehme ich auch Traditionen, Bräuche und Denkweisen von ihr, wenn sie Sinn machen. Ich würde sagen, das ist eine Form von Intelligenz.« Wer würde ihm hier widersprechen wollen:

Sie wollen immer nur den Krieg
Obwohl es am Ende nur Verlierer gibt
Ein neuer Tag, ein neuer Beef
Doch seitdem du da bist, weiß ich, was Frieden ist
Ja, da draußen tobt der Krieg
Bei dem es am Ende nur Verlierer gibt
Doch du zeigst mir das Paradies
Denn seitdem du da bist, weiß ich, was Frieden ist
Weil du mir Frieden gibst
Kool Savas, »Krieg und Frieden«, 2019

Capital Bra

Heimat ist für mich Ukraine.
Und Deutschland auch

Wenn man den Namen Capital Bra erwähnt, dann geht es schnell um Superlative. Erfolgreicher als die Beatles, der erste Künstler, dem es gelang, innerhalb eines Jahres 13 Nummer-eins-Hits in den deutschen Charts zu landen, sämtliche Streaming-Rekorde gebrochen und eine Fangemeinschaft, die sich im echten Leben und in den sozialen Medien auf mehrere Millionen beläuft. Aber das sind Zahlen, Industrie-Fakten, Pressetext-Gequatsche. Fragt man die Rap-Fans, dann spaltet Vladislav Balovatsky alias Capital Bra das Land oft in zwei oder sogar mehrere Generationen. Auf der einen Seite sind die Jugendlichen und Kids, die mit Spotify-Listen und Instagram groß geworden sind. Für sie ist Capital Bra ein absoluter Superstar.

Und da gibt es die Realkeeper und Trueschooler, die bereits in den 90ern mit zu tief sitzender Hose auf Jams rumhingen, für die Rapper wie Torch und Curse lyrische Götter sind und die sich hauptsächlich damit beschäftigen, auf die neue Generation zu schimpfen. Denn, das wissen wir alle von unseren Eltern oder Großeltern: Früher war alles besser. Egal, worum es geht.

Wann dieses Früher gewesen sein soll, ist oft zweifelhaft. In den 80ern, als Deutschland geteilt und die Welt von Tschernobyl verstrahlt wurde? In den 50ern, als eine verkrustete Gesellschaft von Entnazifizierung so viel wusste wie ein Schwein vom

Fliegen, oder etwa im Mittelalter, als Pest und Cholera wüteten? Aber man muss nicht gleich die ganz großen Vergleiche aus der Kiste zaubern, man kann auch einfach bei so etwas vermeintlich Profanem wie der Musik bleiben. Denn auch hier gilt bei vielen, die ihre Jugend längst hinter sich gelassen haben: *Als ich jung war, da war Rap anders.* Wäre ja auch schlimm, wenn nicht. Schließlich lebt die Musik vom Einfluss anderer Stilrichtungen, von Samples und Anleihen. Wie grausam wäre es, würde sich ausgerechnet diese Musik, die wie keine andere über ihre Wörter Kraft entfaltet, nicht weiterentwickeln? Berlin lebt, der Rap lebt:

> *Guck ma', wie ich nur mit Wörtern meine Feinde töte*
> *Der Staat will mich nicht oben sehen – wie Mindestlöhne*
> *Aber deren Kinder sehen aus wie meine Söhne*
> Capital Bra, »Berlin lebt«, 2018

Es ist Winter, und Capital Bra hat die Kapuze auf, der Wind pfeift über die offenen Flächen und Brachen Hohenschönhausens, nur ab und zu prallt er an der Fassade einer Plattenbausiedlung ab. In diesem Teil des Berliner Bezirks Lichtenberg, der von Hochhäusern und Freiflächen geprägt ist, wuchs er auf.

Fragt man die hippen Berliner in den Innenstadtbezirken nach Lichtenberg, dann denken sie an einen Arbeiterbezirk mit schlechtem Ruf. Sie denken an die Neonazi-Geschichten der 90er-Jahre, als es in Lichtenberg ganze »national befreite« Straßenzüge gab, oder an vietnamesische Einwanderer und russische Spätaussiedler, die dort ein neues Zuhause fanden. Capital Bra hingegen denkt an einen Laden, wenn man ihn nach seinem ersten Eindruck fragt: »Ich kam damals in diesen Supermarkt, und auf einmal gab es da Einkaufswagen, volle Regale,

Kühlschränke und so ein Scheiß.« Er zieht sich die Kapuze noch tiefer ins Gesicht, sodass dieses und das Gucci-Cap auf seinem Kopf fast komplett verschwinden. »Ich hatte so was damals noch nie gesehen. Alles war so schön hier in Deutschland. Die Häuser, die Autos. Alles einfach.«

Geboren wird er 1994 in Sibirien, lebt dann mit seiner Mutter in der Ukraine und zieht schließlich mit sieben Jahren nach Ostberlin. Er betont das, auch wenn die Wende zu diesem Zeitpunkt bereits über zehn Jahre her ist. Denn Hohenschönhausen ist Ostberlin, nach wie vor, da gibt es nichts zu leugnen. Das Gelände der ehemaligen Stasi-Haftanstalt Alt-Hohenschönhausen zeugt davon, ebenso wie die Mauer. Natürlich nicht die reale, aber die in den Köpfen der Menschen hier, die sich nach wie vor über ihre Ost-Identität definieren.

Die Frage, warum sie aus der Ukraine nach Deutschland kamen, beantwortet er kurz, knapp und ebenso einleuchtend: »Weil es da scheiße war.« Seine Augen weichen eher aus, wenn er redet. Capi ist nicht gerade dafür bekannt, gerne Interviews zu geben. Es gibt auch so gut wie keine und wenn doch, dann dauern sie meist nicht lang. Kein Vergleich zu seinen zahlreichen Kollegen, die sich gerne mal mehrere Stunden in Interview-Marathons setzen und bei denen manche Gespräche vor der Kamera mehr Klicks als ihre Songs generieren. Capi überzeugt lieber durch Musik, die er ohne Pause veröffentlicht.

Aber etwas präzisieren kann er seine Aussage dann doch noch. »Da, wo wir gewohnt haben, da gab es nichts. Gar nichts. Keine Arbeit, keine Zukunft, nicht mal genug zu essen, meistens nur Suppe. Und dann hat meine Mutter eben einen Weg gefunden, dass wir nach Deutschland können.« Man merkt ihm an, dass er nicht gerne von früher erzählt. Das Konzept »Interview«, dieses ewige Frage-und-Antwort-Spiel, nach den immer gleichen Regeln, gibt ihm nichts.

Generell sind Regeln nicht sein Ding. Wenn Capital Bra Musik veröffentlichen möchte, dann tut er das. Ohne Rücksicht auf irgendwelche ausgetüftelten Promo-Pläne seiner Manager und Labels. Es kann sein, dass nachts um drei Uhr plötzlich ein neuer Song erscheint, mit einem Handy-Video, das erst wenige Stunden zuvor gedreht wurde. Oder er erfindet ein neues Alter Ego, nennt sich plötzlich Joker Bra und veröffentlicht einen Techno-Track. Aber wie er es auch anstellt, seine Lieder leben immer von ihrer Unmittelbarkeit, von dem Gefühl des Durch-die-Nacht-Gleitens, manchmal auch vom Konsum verschiedener Substanzen.

Und auch wenn er bei vielen Jugendlichen als der König der melodischen Pop-Hooks gilt, ist es der düstere und zerbrechliche Capi, der mich schon immer am meisten interessiert hat. Der Capital, der morgens um sieben nach drei durchgemachten Nächten im Studio sitzt und plötzlich einen Geistesblitz hat. Der seinen Schmerz, seine Sorgen mit Cash, Papieren und der Liebe ins Mikrofon schluchzt, als gäbe es kein Morgen:

> *Viel zu viele Probleme, viel zu viele Papiere*
> *Viel zu viele wollen wissen, wie viel ich verdiene*
> *Wie viel ich gewinne, wie viel ich verliere, wie viel ich kassiere,*
> *Ich will Cash, ich brauch keine Liebe*
> **Capital Bra, »Heute gemacht«, 2018**

Ob er diese Schwermut, die er allzu oft durch clowneskes Gehabe überspielt, aus seiner russischen Heimat mitgebracht hat, weiß er nicht. »Ich habe kaum Erinnerungen an Sibirien. Eigentlich erinnere ich mich nur an die Ukraine. Und auch an die Ukraine hab ich nur ganz wenige Erinnerungen. Da gab's ja auch nichts. Da gab es mal hier einen Lottoladen, dort konnte man Brot kaufen. Das war's.«

Er überlegt, während wir uns parallel zu den einsam aus der Vorstadtprärie herausragenden S-Bahnhöfen zurück in windstillere Gegenden bewegen. »Einen See gab es. Da waren wir manchmal und haben gegrillt. Aber auch eher selten.« Wenn er sich an die Ukraine erinnert, dann geht es weniger um Orte, Erlebnisse und Unternehmungen. Dann geht es um Menschen. Um eine gewisse Mentalität. »Die Leute dort sind herzhafter. Hier sind die Leute irgendwie oft kalt. Hier kommst du in einen Laden, und die Leute lächeln zwar, aber man sieht direkt, das ist nicht echt. Bei uns…, Diggah! Wenn eine Verkäuferin schlechte Laune hat, dann siehst du aber direkt, die hat richtig schlechte Laune! Da verstellt sich keiner. Und genauso sieht man, wenn sie gute Laune hat.«

Es fällt natürlich auf, dass er »bei uns« sagt. Da müsste man doch mal nachhaken, wenn man so ein Buch über Migration und Deutschland schreibt, denke ich mir. Aber das erübrigt sich, denn Capital hat zwar ebenso wenig Lust auf die Antwort wie ich auf die Frage, aber sie kommt trotzdem von selbst: »Heimat ist für mich Ukraine. Und Deutschland auch. Ich bin hier aufgewachsen, und meine Familie ist hier. Na klar, nicht meine ganze Familie. Aber meine Mutter. Und meine Mutter ist für mich meine Familie.« Seine Sätze sind so kurz und klar, dass man sich blöd vorkommt nachzuhaken. Schließlich ist ja alles schon gesagt. Wenn auch nicht über alles. Also machen wir weiter, noch hat er es nicht geschafft. »Ich kam dann in Deutschland in eine Förderklasse, nachdem wir ankamen. Da gab's natürlich viele Ausländer. Schwarze, Türken, Araber, Albaner. Mit denen bin ich dann groß geworden. Erst später, als ich älter wurde, kamen dann auch ein paar Russen dazu, einer aus Tschetschenien, einer aus Kasachstan.«

Wenn man so aufwächst, hat man dann überhaupt irgendeine Definition davon, was typisch deutsch ist? Ja, hat er. »Fußball.« Klingt einleuchtend. Capi bleibt sich und seinen kurzen

Antworten treu. Wir sind wieder im Warmen, und Capital erzählt doch noch ein wenig, wie er dieses ominöse »Deutschsein« wahrnimmt. »Für mich gibt's eigentlich nur dieses Berlin-Ding. *Icke bin Berliner* und so. Das ist typisch deutsch für mich. Na ja und dass die Deutschen ein gutes Leben haben, denen geht es gut eigentlich. Und pünktlich sind die, meistens korrekt, wenn es um Geschäfte geht. So was halt.«

Es sind die Klassiker, die auch Capi verinnerlicht hat. Ordnung, Fleiß, Disziplin. Dieser ganze Nonsens, der einen auch nicht glücklich macht. Wenn man Capi glücklich sehen will, dann muss man ihm beim Musikproduzieren zuschauen. Da blüht er auf, rattert ein Pensum runter, das auch mit der angeblich weltweit führenden deutschen Disziplin nicht zu überbieten ist.

> *Mama, tut mir leid, ich wurd' kein Anwalt oder Arzt*
> *Stattdessen tick ich Gras, immer mit einem Bein im Knast*
> *Ich hatte keine Angst, ich wollt nur die Scheine schnappen*
> *Doch, ich hatte Angst, Angst euch allein zu lassen*
> Capital Bra, »Mama bitte wein nicht«, 2017

Wenn wie in diesen Zeilen die Mama der ganze Kosmos ist, dann war auch sie mitverantwortlich für seine Entscheidung, diesen Weg einzuschlagen. »Ich hab mal einen Song für meine Mutter geschrieben, mit elf oder so. Dann hab ich ihn aufgenommen und ihr gezeigt. Sie hat sich voll gefreut und war richtig begeistert. Von da an hab ich angefangen, Texte zu schreiben, draußen mit meinen Jungs zu rappen und so weiter. Wir haben rumgehangen, gekifft und gerappt.«

Eines Tages geht er zu *Rap am Mittwoch,* einer legendären Battle-Veranstaltung in Berlin. Hier messen sich aufstrebende

Rapper miteinander, bekämpfen sich lyrisch und zeigen, was sie draufhaben. Dass Capital eine ganze Menge draufhat, merkt jeder, der damals im Publikum steht. So auch ich selbst. Aber ich bin erstens nicht der Einzige, dem der extrem hungry wirkende Junge auffällt, und zweitens besitze ich kein Label. Andere Anwesende hingegen schon. »Ab da ging's richtig los. Da wollte mich auf einmal jemand signen, Gigs hier, Album aufnehmen da.« Plötzlich ist Capi ein Rapper, so ganz offiziell. Es dauert nicht lange, und er hat die professionellen Strukturen um sich herum, die man braucht, um sich auf seine Kunst konzentrieren zu können und Kunst zu veröffentlichen. Auch wenn Capital da etwas tiefer stapelt: »Ich kann nicht genau sagen, was die Musik mir eigentlich gibt. Ich muss nicht auf der Baustelle arbeiten oder so, das ist schon mal gut. Aber das Beste ist eigentlich: Ich kann etwas tun, was mir Spaß macht, und damit auch noch Geld verdienen. Was Besseres kann einem ja eigentlich nicht passieren.«

Ihm ist klar, dass das in der Ukraine eventuell anders gelaufen wäre. Aber da es ihm, wie den meisten Rappern, nicht an Selbstbewusstsein mangelt, hat er auch für diesen hypothetischen Lebenslauf einen Plan in der Hinterhand. »In der Ukraine wär's auf jeden Fall schwieriger gewesen, alles so zu machen, wie es hier lief. Aber keiner weiß so genau, was wäre. Vielleicht wär ich da Milliardär geworden, hätte irgendwas erfunden oder was weiß ich.« Er sagt das mit einem so verschmitzten Lächeln, dass man nicht genau weiß, ob das ein Witz sein soll oder nicht. Aber wahrscheinlich ist es einfach sein Urvertrauen in das Leben, das ihn auszeichnet. Dinge kommen und gehen. Man wird schon sehen, was passiert.

Was in Capital Bras Fall passiert ist, kann man inzwischen sogar auf den Titelseiten der *BILD*-Zeitung nachlesen. Durch seine zeitweilige Verbindung zu Bushido sind die Boulevardmedien auf ihn aufmerksam geworden. Dort kann man ihn im

Gegensatz zu »Clan-Rapper« Bushido und »Rüpel-Rapper« Sido allerdings nicht so richtig einordnen. Weil man ihn nicht kennt, weil er seine Musik sprechen lässt. Vielleicht ist es auch diese musikalische Aufrichtigkeit, die seinen riesigen Erfolg begründet:

> *Ich war immer grade, Bruder, du kannst jeden fragen*
> *Ich wünsch niemandem was Schlechtes,*
> *ich will keinem schaden*
> Capital Bra, »Für euch alle«, 2018

Auch ich konnte ihn lange nicht richtig einordnen, hab ihn in eine Schublade gesteckt, aus der er so schnell nicht wieder rauskam. Bis ich mir die Zeit genommen habe, seine Alben zu hören und seine Texte zu verstehen. Erst da wurde mir bewusst, wie viel Schmerz und Sehnsucht und gleichzeitig Lebensfreude er in fast jeden dieser Songs packt. Denn wie bei jeder Kunst ist es wichtig, die Parameter und den Kontext zu verstehen. Dass das nicht funktioniert, wenn man sich verzweifelt an seine alten Helden klammert, ist nur logisch.

Wer Capital und seinen Kollegen und Kolleginnen mangelnde Fertigkeiten vorwirft, der kommt einfach nicht mit Entwicklung klar. Denn auch ein minimalistischer Stil, ein Text, der nicht 50-mal auf der gleichen Silbe endet und sich mit halsbrecherischen Reimketten künstlich aufbauscht, kann eine Entwicklung sein. Der Grund dafür, dass ältere Menschen denken, früher war alles besser, ist so simpel wie dumm: Sie waren auch mal jung. Hatten ihren ersten Kuss, die erste Party und vielleicht eine erste Nacht auf der Polizeiwache. Die Musik, die sie in dieser Zeit begleitete, ist ihr Soundtrack. Zumindest, wenn sie sich an diese Zeit als die beste ihres Lebens erinnern. Wer also Capi absprechen will, ein begnadeter Rapper zu sein, weil er die Musik nicht mehr versteht, der ist einfach nur in der Zeit stehen geblieben.

Da mögen mir einige widersprechen, aber zum Glück ist Geschmack keine Verhandlungssache. Für Capi sowieso nicht. Er macht nach wie vor, was ihm gefällt, abseits aller Regeln und Normen, haut 20 Songs in einem Monat raus und rast mit dem Ferrari bei Nacht durch Berlin. Und da er das bereits zu vermissen scheint, entlassen wir ihn aus dem Interview, nachdem er diesen einen obligatorischen Satz gesagt hat, den ich nun schon so oft gehört habe: »Deutschland ist für mich ein Stück meiner Heimat. Ganz einfach.« Capital Bra ist, wie so viele vor und nach ihm, keine geglückte Integrationsgeschichte, sondern einfach nur der Sohn seiner Mutter.

Dank

Danke an Nina Damsch, für die Mitarbeit,
Hilfe und die Geduld.
Danke an Zino für deine zahlreichen Kontakte.

Bildnachweis und Playlist

Alle Bilder © Hyperbole TV
Das »Germania«-Logo © Hyperbole TV
mit freundlicher Genehmigung von ZDF Enterprises

Die Playlist zum Buch bei Spotify unter

»Germania – Der Soundtrack«

oder hier:

http://droemer-knaur.de/germania

Über den Autor

Juri Sternburg, geboren 1983 in Berlin-Kreuzberg, ist Musikjournalist, Autor und Dramatiker. Er schreibt für die *TAZ, Vice* und *ZEIT* und erhielt 2018 den *International Music Journalism Award*. Seine mehrfach ausgezeichneten Theaterstücke premierten am Deutschen Theater Berlin, am Maxim Gorki Theater und am Hamburger Thalia Theater. Seit 2019 verfasst er auch Drehbücher, u. a. für den ARD-Fernsehfilm »In Berlin wächst kein Orangenbaum« nach einer Idee von Kida Ramadan.